中国教育专家领航系列丛书（第三辑）

# 德育与思政课融合实践研究

侯天宝／著

世界图书出版公司

图书在版编目（CIP）数据

德育与思政课融合实践研究/侯天宝著. -- 北京：世界图书出版公司, 2021.11
ISBN 978-7-5192-9062-7

Ⅰ.①德… Ⅱ.①侯… Ⅲ.①德育—教育研究 Ⅳ.①G41

中国版本图书馆 CIP 数据核字 (2021) 第 222843 号

| 书　　　名 | 德育与思政课融合实践研究 |
| --- | --- |
| （汉语拼音） | DEYU YU SIZHENGKE RONGHE SHIJIAN YANJIU |
| 著　　　者 | 侯天宝 |
| 总　策　划 | 吴迪 |
| 责 任 编 辑 | 滕伟喆 |
| 装 帧 设 计 | 包莹 |
| 出 版 发 行 | 世界图书出版公司长春有限公司 |
| 地　　　址 | 吉林省长春市春城大街789号 |
| 邮　　　编 | 130062 |
| 电　　　话 | 0431-86805551（发行）　0431-86805562（编辑） |
| 网　　　址 | http://www.wpcdb.com.cn |
| 邮　　　箱 | DBSJ@163.com |
| 经　　　销 | 各地新华书店 |
| 印　　　刷 | 长春市赛德印业有限公司 |
| 开　　　本 | 787 mm×1092 mm　1/16 |
| 印　　　张 | 15.25 |
| 字　　　数 | 170千字 |
| 印　　　数 | 1—3 000 |
| 版　　　次 | 2021年11月第1版　2021年11月第1次印刷 |
| 国 际 书 号 | ISBN 978-7-5192-9062-7 |
| 定　　　价 | 45.00元 |

版权所有　翻印必究

（如有印装错误，请与出版社联系）

# 中国教育专家领航系列丛书（第三辑）

## 顾问委员会

主　任：黄宪昱
委　员：荣文龙　董　妍　李大伟　吕德辉
　　　　胡培柱　李亚君　朱　峰　张月柱
　　　　王淑琴

## 编委会

主　编：张月柱　王淑琴
副主编：宋剑锋
编　委：（按姓氏笔画排列）
　　　　王　双　王　惠　王　琦　王伟平
　　　　朱艳秋　刘　俐　刘彦平　刘文学
　　　　关爱民　谷玉宣　杜晓明　李　杰
　　　　李　昤　李文茸　杨秀艳　邹凤英
　　　　辛　枫　张　玲　张　辉　张继会
　　　　苗春义　郝　伟　高　楠　高贤美
　　　　黄　娟　崔　瑜　裴国英　谭　清

# 丛书序

教育大计，教师为本。

《国家中长期教育改革和发展规划纲要(2010—2020年)》（以下简称《纲要》）中要求，"创造有利条件，鼓励教师和校长在实践中大胆探索，创新教育思想、教育模式和教育方法，形成教学特色和办学风格，造就一批教育家，倡导教育家办学"。2012年《国务院关于加强教师队伍建设的意见》（国发〔2012〕41号）在《纲要》精神的基础上，更明确提出要"培养造就高端教育人才"。党的十九大报告也进一步明确强调"优先发展教育事业"，打造教育家型教师是深入贯彻落实党的十九大精神和教育方针，办好人民满意教育的一项重要举措。

教育事业的发展离不开德才兼备的优秀教师。教育家型教师是教师队伍的领军人物，是引领教育事业发展的楷模和榜样，是教育事业改革与创新的核心力量，成为教育家型教师是每位教师的职业追求。

国将兴，必贵师而重傅。多年来，长春市把全面加强教师队伍建设作为一项重大政治任务和根本性民生工程切实抓紧抓好，遵循教师培养的规律，不仅高度重视新教师、骨干教师和名师的培养，也十分重视教育家型教师的打造。《中国教育专家领航系列丛书》选取了在长春教育一线工作，有教育情怀、有教育思想、有教育业绩，在全国有较大影响力的专家型教师，系统地诠释他们的教育主张、教学风格、教育智慧以及在教育教学中的学术成果。旨在传播这些教育家型教师的思想，推广其教育教学经验，进而感召和引领广大教师专业成长，推动教育事业的发展。

　　就在本丛书推出的过程中,中共中央、国务院印发了《关于全面深化新时代教师队伍建设改革的意见》(以下简称《意见》)。《意见》指出:"到2035年,教师综合素质、专业化水平和创新能力大幅提升,培养造就数以百万计的骨干教师、数以十万计的卓越教师、数以万计的教育家型教师。"本丛书的推出,恰逢其时。希望本丛书能为中国教师领跑,为实现教育现代化领路,为中国教育领航。

黄宪昱

# 自序

## 我的从教路

借"中国教育专家领航系列丛书"征集、出版之际，我把自己从教以来的感想、感悟、经验总结了一下，有回味，也有展望，算是在回忆自己，更是在激励自己。

从小学入学直至高中毕业，我的梦想始终如一——做一名光荣的人民教师。记得在一次高中同学聚会上，主持人找到了我们的毕业留言簿，很有心地统计了同学们高中毕业时的职业理想与如今职业现状的吻合度。结果只有5个人是吻合的，而我便是其中一个。直至今日，我依然奋斗在教育战线上并乐此不疲地工作着……

回顾我的从教路，我遇到了很多"贵人"，并得到了他们的指点。刚刚大学毕业参加工作，便拜了组里很有名望的李老师为师傅，最开始师傅就告诉我：为师者，一定要好好钻研业务。时任政教处主任的老师是我的同乡，他跟我说，不做班主任的老师是不完整的老师。而我隔壁办公室的历史科朱老师则告诉我，在教书育人的过程中，一定要有研究和科研意识，一定要学会搞科研，科研将是你向教育深层次跃进的垫脚石。良师益友的话我都听了，也在实践中一点一滴地践行着，可实际上那段努力求索教学、用心良苦育人、冥思苦想研究的日子是很苦的。直至今日想起来都泪濡眼眶，仔细回味，真可谓用智慧在弹奏着"苦涩"的音符!

**二十三年的教学路,二十三个春秋积淀**

我自1998年大学毕业,至今已满23个年头。从大学毕业至今,我一直坚守在教学第一线。作为一名高中思想政治教师,既教过理科班,也教过文科班;既教过普通班,也教过实验班;更是经历了七八个版本教材的更换。

如何让学生喜欢政治课? 20多年的教学经历让我感悟到,教师首先要把教材吃透,其次要把教材的内容讲透,最后在讲课时要讲究风度、宽度、深度和梯度,通过多维度提高学生对老师的信任及对学科的喜爱。充分备课是上好课的前提,所以多年来我一直十分注重备课,先是跟、学老教师备课,后是主备和领导备课。备课要注重细节,深挖每段、每句、每词、每字,提出"科研性备课"的思想。在讲课过程中,根据章节内容及学情,随时进行调整,形成了"幽默风趣、大开大合、逻辑清晰、思维缜密"的教学风格;尤其擅长引用经典的传统文化,并对之进行解读,使之有效融入教学。

能佐证我在教学上取得成绩的是一路走来所获得的荣誉和奖励:

2003年获得长春市十佳政治教师称号;2005年被评为长春市学科骨干教师;2008年被评为长春市课程改革骨干教师,同年被聘为长春市第三届学科教育教学中心组成员;2012年被聘为长春市政治学科教学研究中心组成员;2013年被聘为长春市普通高中高三政治学科教学指导委员会专家组成员;2014年被评为吉林省骨干教师;2017年被聘为长春市政治学科网络兼职教研员，同年被聘为2017年（政治学科）会考命题组组长、东北师范大学政法学院硕士研究生导师，同年12月，被聘为长春市普通高中政治学科名师云课工作室主持人；2018年被评为长春市教学精英，同年被聘为长春市政治学科教学指导委员会委员，被评为长春市百个优秀学科团队（高中政治学科）带头人；2019年被评为吉林省教学精英；2020年被评为长春新区教育系统先进工作者，同年11月，被聘为首批中小学思政课进高校马克思主义学院开展进修的访问学者。在各级各类报刊上发表教学方面的论文42篇；主编著作7部，参编著作28部；执教了国家级、省市级公开课36节；主讲培训讲座21场。

**十八年半的德育路，十八年半青春无悔**

在基础教育当中，班主任的工作是十分重要的，当然也是非常辛苦的。从大学毕业第三年（2000年）起，我便开始担任班主任工作，一做就是十八年半，不可不说是一段漫长的经历，但是我却乐在其中，且慢慢地悟出了很多管理班级的经验。比如"先松后严，则无法再严；先严后松，则越发轻松"；班主任管理要"严字当头、严爱相济"，不要与学生"打成一片"；"严格管理，多加关心"才是德育的真谛。我是一个不苟言笑的人，所以几届学生都评价我是一个"表面冷酷、内心狂热"的人，我想这也许就是因为长期以来，正确处理了"严"和"爱"关系的结果。同时作为班主任，千万不要只是指挥学生去做，而是要主动给学生做示范，这样教学效果会更好，毕竟"为人师者，重在表也"。

多年的班主任工作，使我养成了通过文字与学生交流的习惯。每天坚持写"班级日志"，通过文字记录每一天的大事小情，有批评，有表扬，更多的是自己的看法，这些文字成为我与学生沟通和交流的桥梁、纽带。每学期期末，在学生的"通知书"上，我都会认真地给每一位学生写评语，全面地评价每一位学生，这对学生及其家长触动很大，这也是我与学生相处得很融洽的重要原因。我经常在报刊上发表一些文字，这里边有一些是激励学生的，也有一些是给家长看的，学生和家长都很赞同我的观点，对我也更加信任了。

在担任班主任期间，我取得了一定的成绩：在各级各类报刊上发表德育方面的论文28篇；参与交流并获奖的论文12篇，参编著作1部，担任德育讲座主讲3次；2009年5月，所在班级被中共吉林省委教育厅评为省直机关五四红旗团支部，个人被授予优秀指导教师称号；2015年7月，被长春市教育局评为长春市优秀班主任。

**二十三载科研路，二十三载科学严谨**

从学会写论文、搞课题，到钻研大智慧；从论文开始发表在市级、省级刊物上，到发表在国家级、核心期刊上，每一次的进步都是从量变到质变、又在新的质的基础上开始新的量变的过程，如此循环往复，不断向前。

百余篇科研论文、经验性和指导性文章及多项课题研究成果是我在科研道路上最浓重的一笔，而能把想法以"铅字"的形式呈现出来，一直是我认为很神圣的事。我不是最优秀的人，但却一直坚信自己走在通往优秀的路上。42篇教学论文、28篇德育论文见证了我的科研成果，17项国家、省、市级科研（规划）课题更体现了我对科研的追求和执着。目前，17项国家、省、市级科研（规划）课题结题11项，在研6项，其中值得一提的是2020年初申报的课题"'十四五'时期吉林省大中小学思政课一体化建设研究"，被吉林省教育科学研究领导小组列为吉林省重大课题，在课题组成员的集体努力下，顺利通过了验收。这给了我莫大的信心和勇气，激励我在科研的道路上继续前行。

2004年被评为长春市教育科研先进工作者，同年被评为长春市教育科研骨干教师；2006年被评为长春市教育科研型教师；2011年评选为吉林省教育科研新秀；2012年、2013年、2017年三次被评为长春市教研先进个人；2019年，论文《基础教育治理现代化的逻辑、困境及路径》在吉林省第十一届教育科学优秀成果评选活动中获得论文类一等奖，这是一等奖中唯一一个中学老师获得的奖项（其他都是大学老师）；2020年被评为长春市第五批教育科研型名教师。

每个人都有自己的成长经历，每位教师也都有自身的成长足迹，我很庆幸自己走过的路，它让我感受到艰辛后的快乐，更为重要的是，能够把自己的经验和成果分享给他人，并转化为他人可实际复制、操作的方法，也许这就是传承吧。

2021年全国教育工作会议强调，"十四五"时期，我国教育进入高质量发展阶段，教育改革发展的外部环境和宏观政策环境已发生深刻变化，面临着新形势、新阶段、新理念、新格局、新目标、新要求，面对着新的机遇和挑战，我将继续在教书育人道路上锐意进取、不断创新。

回首过往，犹如走在街区的路上一般，虽然道路并不笔直，但是总充满希望，尤其喜欢不远处的"红灯"，那个方向是你努力的目标，当你不断前行的时候，越来越接近它的时候，它将成为那个让你可以畅行的"绿灯"。

# 前言

党的十八届三中全会通过的《中共中央关于全面深化改革若干重大问题的决定》中明确提出:"推进国家治理体系和治理能力的现代化。"党的十九届五中全会更明确地指出,要"基本实现国家治理体系和治理能力现代化"。教育作为国家富强、民族振兴的基础工程,作为中国特色社会主义事业的主要组成部分,其治理体系和治理能力的现代化也必然成为国家治理体系和治理能力现代化的重要组成部分。

人的认识总是要经历着由不知到知、由知之不多到知之较多的过程。从先前的"计划"到现在的"规划"的变化,体现了国家主体作用、主体地位的变化;从"管理"到"治理"的变化,更体现了国家对"理"的对象的清晰和明确的认识。"治理"通常是以公共事务为对象的综合性的政治行动,具有民主、协商、公开与透明和多元的属性。"管理"则是协调人际关系、激发人的积极性以达到共同目标的一种活动。"管理"和"治理"相辅相成,共同存在于建设中国特色社会主义伟大事业的过程之中,共同存在于实现中华民族伟大复兴的中国梦的进程当中。

中国的教育事业经过改革开放 40 余年的发展,已经达到足够的量的积累,并取得质的飞跃,如今我们站在更高层面上进行下一阶段教育发展的顶层设计,提出要推进和实现教育治理体系和治理能力的现代化的时代命题。

教育的根本任务是立德树人。新时代，为更好地落实这一根本任务和"五育并举"的教育方针，原来单一的教育管理已不能适应新时代推进教育现代化的需要，所以，从落实党和国家根本任务和教育方针的基础方面看，只有积极推行现代学校治理能力的现代化，才可能实现提高教育质量、促进学生发展的目的，从根本上践行新发展理念。

落实立德树人的根本任务，思政课程和德育课程都是重要载体。思政课程是落实立德树人根本任务的关键课程，德育课程则更与立德树人紧密相关。所以探讨德育的思政性、思政的德育性非常必要且十分重要，只有达到二者的有机统一，才能真正完成教育所赋予我们的时代使命，而德育思政和思政德育本身也是推进基础教育治理现代化的重要手段和关键过程。

何谓德育思政？德育思政来源于"课程思政"。

所谓课程思政，就是在各学科课程教学实施过程中，坚持思政性，始终把立德树人作为学科教学的根本任务，立足课堂，讲好自己的学科故事。

课程思政不是一门或一类特定的课程，而是一种教育教学理念。其基本含义是，所有课程都具有传授知识、培养能力及思想政治教育双重功能，承载着培养学生世界观、人生观和价值观的作用。

课程思政也是一种思维方式，教师在教学过程中要有意、有效地对学生进行思想政治教育，体现在教学的顶层设计上就是要把对学生的思想政治素质培养作为课程教学的目标放在首位，并与专业课程教育相结合。

"课程思政"不是要改变专业课程的本来属性，更不

# 前言

是要把专业课程改造成思政课程模式或者将所有课程都当作思政课程，而是充分发挥课程的德育功能，运用德育的学科思维，提炼专业课程中蕴含的文化基因和价值范式，将其转化为社会主义核心价值观具体化、生动化的有效教学载体，在知识学习中融入"润物细无声"的理想信念和精神指引。

德育也是一门课程，把德育作为课程来研究，就是德育思政。

习近平总书记在2016年12月全国高校思想政治工作会议上指出，高校思想政治工作关系高校"培养什么样的人、如何培养人以及为谁培养人这个根本问题"。这不仅仅适用于高校，在基础教育阶段，也要向学生贯彻这一重要思想。任何一门学科，都可以或多或少地向学生进行世界观、人生观和价值观的教育，这就是学科课程的思政化，也就是德育思政。换种方式来理解，德育思政就是教育者根据一定社会和受教育者的需要，遵循思想品德形成的规律，采用言教、身教等有效手段，在与受教育者自觉参与的互动中，通过内化和外化，发展受教育者的思想、政治、法治和道德素质，使其树立正确的世界观、人生观和价值观的系统活动过程。

何谓思政德育？我想首先还得弄清楚什么是思政？思政就是思想政治，它具有思想性和政治性两大属性。具体地说，是以培育社会主义核心价值观为目的，是帮助学生确立正确的政治方向、提高思想政治学科素养、增强社会理解和参与能力的综合性、活动型学科课程。从广义上看，人人都是德育工作者，人人都可以进行思政教育。在学校，班会属于德育思政范畴，每周的升旗仪式也属于德育思政内容。当然，德育思政的主体是学科课程思政，可以说，课程思政是德育思政的来源，也是德育思政的表现形式和载体。

习近平总书记指出，要"把思想政治工作贯穿教育教学全过程，实现全程育人、全方位育人"。这一重要论述深刻揭示了思想政治教育是立德树人的关键，也就是说，通过思想政治教育完成立德树人的根本任务，这就是思政德育，相比德育思政而言，思政德育更为直观和易于理解，这是广大思政教师的光荣义务，更是神圣使命。

在基础教育治理现代化背景下谈德育思政与思政德育，既具有一定的理论性，也具有现实的可操作性，从理论上讲，如何构建德育思政课程体系和思政德育课程体系，需要不断地总结和升华；从现实的可操作角度看，落实学科课程标准，构建大中小学思政课一体化都是可以实现的。教育的本质是人的全面发展，而这一本质可以通过德育思政和思政德育得到很好的体现。

# 目录

**第一辑　基础教育治理现代化和未来教育 / 001**

　　基础教育治理现代化的逻辑审视　/ 003

　　基础教育治理现代化的实践困境　/ 007

　　基础教育治理现代化的路径探析　/ 012

　　基础教育治理现代化与未来教育　/ 017

**第二辑　坚持立德树人　以学生发展为本 / 027**

　　德育实践的基本原则　/ 029

　　德育实践的主要路径　/ 031

　　德育实践的经验参考　/ 034

　　　　以情育人　转化学困生 / 035

　　　　建防护林　防心灵沙化 / 040

　　　　积极自信　化心理滞障 / 042

懂得感恩　世界才美丽 / 045
　　被隐形生　需要真关爱 / 048
**德育之健全人格研究　/ 052**
　　网络传播环境与初中生人格的形成 / 052
　　高中生人格发展的年级差异性研究 / 055
**德育之撰写教育叙事　/ 060**
　　家校矛盾有效解决的新思路 / 061
　　扑克牌里的小故事大道理 / 066
　　我和学生的一次经历 / 069
　　生本管理之下的家校沟通 / 073
　　教育中常见的小案例分析 / 076
　　德育之班主任创新路
　　　　——新时期班主任管理工作的创新思路 / 081
**德育之教师操行评语　/ 089**
　　班主任操行评语摘录 / 091

# 第三辑　立足课堂教学　讲好学科故事 / 097
## 政治学科核心素养篇　/ 099
　　政治认同——有理想，有信念 / 102

科学精神——有创新，有价值 / 111
法治意识——严自律，有尊严 / 119
公共参与——有情怀，有担当 / 126
如何在高中思想政治课堂中培养学生的核心素养 / 133
基于核心素养视域下的初中"道德与法治"教育 / 136
基于未来教育背景下的思想政治学科教学模式探讨 / 142
基于高中思想政治课堂的创新教学方法策略分析 / 146

## 思政课一体化教学篇　/150

基于"一体化"背景下的思政课教法与学法研究 / 151
关于大中小学思政课一体化建设实施原则的探析 / 156
思政课一体化"爱我国旗"主题教育课教学设计 / 159

## 思政课一体化课例篇　/162

课例一　美好生活规则同行 / 164
课例二　生活处处需要法律 / 168
课例三　践行自由平等追求 / 172
课例四　权利与义务相统一 / 177
课例五　积极推进全民守法 / 181
课例六　科学立法　依法防疫 / 186

## 思想政治学科功能篇　/194
浅谈道德与法治教材德育功能 / 194
思想政治教育在社会治理中的作用
　　——评《思想政治教育社会治理功能研究》/ 198

## 疫情下的思政课教学　/201
"停课不停学"下"道德与法治"线上高效授课 / 202
"停课不停学"下的居家学习给教育带来的思考 / 207
疫情防控期间思想政治学科线上教学指导意见 / 211

# 参考文献 / 218

# 第一辑
# 基础教育治理现代化和未来教育

2020年党的十九届五中全会提出目标：基本实现国家治理体系和治理能力现代化；建成文化强国、教育强国、人才强国、体育强国、健康中国，国民素质和社会文明程度达到新高度，国家文化软实力显著增强。

基础教育治理现代化是深化政治经济体制改革、促进教育变革与发展的必然要求，是对当前社会进步、教育发展等诸多新形势、新需求、新问题的必要回应。基础教育治理现代化作为一种新型的教育管理模式，在实践中面临诸多困境，如治理理念滞后、制度不够健全、治理主体力量失衡、法治体系欠缺、治理手段单一等。为了更好地实现教育治理现代化、教育现代化，促进基础教育良好、有序发展，可以从以下方面进行突破：强化现代治理意识、完善教育规章制度、多元主体各司其职、健全相关法律法规、推进信息技术使用。

未来教育是令人神往的教育愿景，它有哪些特征、我们该怎样应对都是我们时下极为关心的话题。未来教育的起点标志、内在动力、基本立场是什么，主要特征有哪些……我尝试着对其进行理论上的阐释，并通过这些阐释总结出未来教育的逻辑架构。

# 基础教育治理现代化的逻辑审视

2010年,《国家中长期教育改革和发展规划纲要（2010—2020年）》提出,要在2020年基本实现教育现代化,正式将教育现代化确立为我国教育的重要价值追求之一。2013年,党的十八届三中全会也曾提出要推进国家治理体系和治理能力现代化,治理现代化成为推进教育现代化、国家现代化的重要力量。

由此,来自政治学领域的"治理"也在教育领域成为一个非常重要的话语导向,教育治理在我国也日益成为一种新的管理方式。教育治理和教育管理不同,其强调扁平化的多主体参与,强调管、办、评分离等。基础教育是教育发展培养人才最为基础的部分,教育现代化、教育治理现代化离不开基础教育的现代化。而推进基础教育治理现代化需要创新思路,一改科层制的管理模式,关注教育各利益主体之间的对话、协商、合作,实现共同治理。但不可否认的是,现实中的教育主体有不同的期望和诉求,在协商治理过程中会存在诸多冲突和摩擦,因而,为了更好地推进治理现代化、了解基础教育治理现代化的逻辑、直面现实中的问题并在此基础上探寻可能路径显得十分必要。

推进基础教育治理现代化,首先需要对其进行逻辑审视,明晰何为现代化、何为教育现代化、何为基础教育现代化,厘清基础教育现代化的逻辑起点以及逻辑框架。

## 一、逻辑内涵

基础教育治理现代化涉及两个关键词：现代化、治理。"现代化"作为一个综合的概念，不仅仅指时间上的优化和升级，同时强调在政治、经济、文化等不同空间、不同领域的进步与发展。"治理"强调特定群体为了共同的目标、共同的愿景，共同协商、共同推进的过程，政府、社会机构等都是治理的主体。治理和管理存在很大的差异，管理更加倾向于服从上级的权威，政府或上级是管理的主体，强调单一权力主体的管控。现代化强调的是在传统的基础上取其精华、去其糟粕，从而不断实现新发展、新突破的过程。治理则是追求多主体的协商共治。基础教育治理现代化也就是在现代民主氛围下，在政府主导下，不断简政放权，吸引学校、社会教育机构、第三方组织等多元主体参与教育治理，并且不断优化这一治理方式，逐步实现共治、善治，促进基础教育变革与发展的过程。

## 二、逻辑起点

基础教育治理现代化的推进是多方面发展的共同需求，其逻辑起点主要体现在以下方面：一是政治逻辑层面。我国正在进行深入的政治经济体制变革，国家治理现代化成为未来发展与变革的重要方面，教育是社会发展的重要组成部分，教育治理现代化也是我国政府推进治理现代化的重要方面。另外，随着社会的不断发展，政府的公信力不仅仅建立在不言自明的绝对权威基础之上，更多的是需

要得到人民的理解、认可和支持，由此，多主体参与的治理现代化成为增强政府民众基础和政策可行度的重要依靠力量。二是教育逻辑层面。随着社会的不断发展，家长、民众对优质教育资源的需求日益多样化，以往的基础教育作为公共产品和基础性公共资源，受到政治管制、政府主导管理的影响，实施政府配给制、学校标准化建设等举措，这都使得基础教育缺乏个性与独特性，千校一面的教育并不能满足家长的需求，因而，基础教育治理现代化是对新形势、新需求、新问题的必要回应方式。

### 三、逻辑框架

从理论上来讲，基础教育治理现代化是对以往教育管理模式的变革与发展，这一过程需要系统设计和整体推进。系统设计需要充分思考多种影响要素，进行统筹安排。整体推进需要优化组合各个要素，综合考量其在时间和空间上的全面发展。根据以上的内涵分析和逻辑起点论证，我们尝试以上述分析为基础，从学理上构建一个较为系统的逻辑框架。首先，理念和意识的现代化是基础教育治理现代化的基本前提。现代化理念对不同主体意味不同，如在学者眼中，现代化意味着公平、质量等；在教育实践者眼中，现代化可能更加偏向实践的需求，如信息化、课堂教学现代化等。但只有确立了现代化意识，才能进一步转化为行动。其次，基础教育治理现代化的重要基础为制度确立，也就是说，在治理开展之初要召集众多主体形成共同认可的契约,这是实施治理的纪要和规范。再者,多元主体是基础教育治理现代化的基本依靠力量,治理现代化的基本体现就是管理的扁平化、参与主体的广泛性,虽然多主体参与很难达成共识,但却是民主的重要保障。最后,现代化的信息技术是推进基础教育治理现代化的重要手段。

# 基础教育治理现代化的实践困境

治理现代化作为一种新型的教育管理模式，虽然得到了众人的认可和追捧，但由于现实条件的诸多限制以及缺少系统成熟的经验可供借鉴，基础教育治理现代化在很多方面都有待进一步完善和发展。

**一、治理理念滞后**

意识是行动的前提和基础，只有当我们确立科学合理的治理现代化理念，才能够在理念的指导下，为行动提供指南。具体到现实中，基础教育治理现代化面临的理念滞后问题主要表现在对"治理"或者说"治理现代化"理解不够透彻上。受我国传统政治体制的影响，千百年来的集中制、官本位制等都使得我国注重上下级别的科层制管理模式，政府有着较大的权力、权威，管理着社会生活中的方方面面，教育也属于被管理之列。在基础教育领域，政府尤其享有管理的职责和权力，教育部、教育局对学校的发展方向、人才培养质量、课程标准、教学大纲、办学质量等都要有所规定且进行监督。但是治理并非如此，治理作为一种更加民主的"管理方式"，并不能靠管制、要求来实现，更多的是让民众乃至更多主体参与教育决策、教育发展。现实中，很多人尚未确立这样的理念，甚至并不理解何为治理，这样的思维方式直接限制了基础教育治理现代化的发展。

## 二、制度不够健全

制度是指一系列相对稳固的行为规范或者行动准则。具体到基础教育治理现代化中，所谓的制度也就是在多个参与基础教育治理主体的相互协商之下，形成的一系列在特定背景下的共识，并将这些共识以相对规范的形式固定下来，作为集体行动准则。当下我们面临的治理现代化问题很多都体现在制度方面，可以简要归纳为以下两方面。

第一，在学校内部治理方面。学校内部行政权力较大，很多情况下校长作为一个学校的领头羊，身兼数职，因此，在日常管理、学校教育教学等很多方面都有决定权。制度的缺失使得校长的较大权威甚至是绝对权威影响了学校治理现代化的进程，校长一言堂使学校设置的教工会、学生会、家委会形同虚设，很难真正有效地参与学校治理。

第二，在学校外部治理方面。教育行政部门对学校，尤其是对中小学的管控十分严格，学校在很多方面缺乏自主决定的权力。比如教育行政部门对学校采取的日常监管、工作验收等并没有很好地倾听学校的发展诉求，因而有时也会影响学校的日常工作。

## 三、治理主体力量失衡

治理主体的多元化是基础教育治理现代化的重要方面，或者说是核心要义，但是至少就目前而言，多元化的治理主体之间力量严重不平衡，即一些治理主体享有较大的权威，比如政府；而有些治理主体却极少享有参与治理的权力和机会，比如家长。根据参与主体，我们可以将以上力量失衡状态做如下具体描述。

首先，政府力量过大。政府对学校诸多事物都有决定权、干预权，哪怕是在学校微观发展过程中，教育行政管理部门很多时候都是将一系列决策以任务的方式下派给学校，学校除了执行、汇报、接受考核之外别无他法。比如学校教师招聘，很多都是由教育局统一招聘，再分配下去，但其实教师并不是学校想要的，或是和学校所缺乏的教师不匹配。

其次，学校参与治理不到位。长久以来，学校依附政府部门，基础教育阶段很多公立学校的人财物都由政府部门配给，因此，学校很难脱离政府部门自主决策。这种依附心理和现实，导致学校在治理中的缺位。

最后，其他社会主体的弱势地位。社会各主体鱼龙混杂、良莠不齐，谁来参与、如何参与等问题都还没有厘清，因而暂时的处理只能是较少参与或者不参与，以维持稳定、防止混乱。总而言之，现有的治理主体中，政府依旧处于主导地位，多主体的共同参与尚未实现。

**四、法治体系欠缺**

在法治日益被推崇的今天，我国也将依法治国作为行政治理的重要依靠。但是就基础教育治理体系现代化而言，我国还缺乏法理依据、法律规范。虽然我国曾在《中华人民共和国教育法》中指出多主体可以适当参与学校管理，这样的规定无疑具有积极意义，但是在现实中哪些主体可以参与、怎么参与、参与哪些方面、怎样参与才算适度，这些都没有明确说明，这也使得多主体参与学校治理变得十分困难。我国法律的缺乏主要表现在以下两方面：

一方面，相关法律体系中规定的条文、内容不健全。比如1993年我国颁布的《中华人民共和国教师法》指出，对于学校拖欠教师工资或者侵犯教师合法权益的行为，"应当责令其限期改正"，从这一规定中我们就可以看出，法律中并未指出谁来"责令"，"限期"又是指何时？另一方面，法律运行机制不健全。比如在学校监管过程中，并没有明确的法律规定如何监管，并且很多情况下实施监管的主体往往和学校属于上下级的亲密关系，因而很难避免监管不够客观。

**五、治理手段单一**

当前我国的教育治理手段仍旧和传统的"教育管理"有很大的关系，教育管理的手段主要是自上而下式的行政命令。比如通过将盖有官方印章的文件下发给下一层级或者学校，责令下级或者学校限期执行。但是这样单一、呆板的治理手段会带来诸多问题：

**1. 理性决策管理水平有待提高**

上传下达式的决策模式，使得参与决策的主体注定是在"上"的少数，他们只能基于自己的经验和认识进行决策，却未能很好地把握一线的基本情况。因而决策的科学性、可靠性有待商榷。

**2. 信息闭塞**

单线条的信息传输，使得政府的决策、意见可以通过文本的方式下发到中小学，但是学校却很少有机会向上级共享自己的实时信息和发展状况，这也使得信息难以有效流通。

### 3. 影响治理效率

这样呆板的治理模式，导致问题解决的效率低下，很多时候上级的文件写得较为概括、隐晦，学校并不能透彻领会，又缺少发言权，因而只能揣测上级的意思。

# 基础教育治理现代化的路径探析

基于理论上对基础教育治理现代化的逻辑剖析和现实中对基础教育现代化的诸多困境分析，为了更好地实现教育治理现代化、教育现代化，促进基础教育的良好有序发展，特从以下方面尝试提出突破路径。

**一、强化现代治理意识**

教育治理现代化也就是要实现治理的科学化、民主化、法治化，实现教育的现代化。现代治理观念主要体现在以下几方面：一是多元主体参与意识。政府不是教育治理的唯一权力主体、责任主体，与教育发展相关的诸多利益主体都应当承担责任，自觉参与学校治理，各个主体应当明确自己的权责界限，不要越俎代庖。二是协商治理意识。在多主体参与的基础上，各个主体之间应当相互尊重，转变管理、控制的传统观念为共同协商、共同参与，在决策时要充分了解彼此的需求和特长，最终达成特定条件下的共识，以此作为治理的前提和行动准则。需要注意的是，意识是可以习得的，也就是说，我们可以通过宣传、教育等诸多途径帮助人们逐渐提高科学合理的现代治理意识，从而帮助人们树立现代治理观念。

## 二、完善教育规章制度

基础教育治理现代化从一定程度上来讲，也属于教育制度本身的变革与发展。规章制度的确立是教育治理现代化发展到一定阶段的、较为系统的表现，同时也可以为教育治理实践提供有效的、稳固的保障。完备的制度体系和治理实践是相得益彰、相互促进的关系。具体而言，实现治理现代化离不开制度体系的确立。

### 1. 从学校教育发展的角度来讲

学校本身的发展离不开学校制度体系的确立。比如校长负责制的实施离不开校长负责制相关文件的出台，制度的确立帮助校长明晰自身的权责，学校民主管理或者协商治理需要学校完善章程，通过师生代表大会等形式实施校务公开。

### 2. 从中观层面来讲

政府简政放权。落实学校办学自主权也离不开制度的设计和安排，政府可以在制度安排中规定各主体的参与方式、权力边界、责任范围、问责机制等等，从而规范治理行为，提高办学效率。

### 3. 从宏观层面来讲

制度的确立是教育实践的有效载体，教育治理现代化的宏观制度涉及方方面面，但无一例外，这些教育制度的确立对现行乃至未来的教育实践具有重要的导向作用。

## 三、多元主体各司其职

概括来讲，参与教育治理的主体可以归结为以下几类：政府、学校、社会组织和个人。这些主体只有各归其位、各司其职，学校治理现代化才能有序推进。对政府而言，它应当在保持其适当管理权的同时，增强服务意识，学会放权与分权。政府的越位行为使它管了许多不该管的事，一方面耗费了大量精力，另一方面也未必管得好。所以，适当地放权十分必要。为此，政府可以从直接干预变为监督或者决策引导，从局外人的角度参与学校的日常运营。对学校而言，学校要合理运用自己的办学权。学校享有自主发展空间对学校既是机遇又是挑战，很多学校并不具备实现良好的自治能力，政府放权对它们而言是巨大的压力。因而，学校要提升能力、减少依附，明确自身才是办学的主体。对社会各主体而言，它们可以在评价方面大有作为，尤其是社会中的第三方组织，它们可以对治理成效、办学效果进行客观、独立的评价。总之，治理现代化需要多方参与，管、办、评分离，形成多中心参与的新局面。

**四、健全相关法律法规**

法治化不仅仅是未来社会发展的重要方向，也是治理现代化的重要要求和标志，教育现代化的实现离不开治理现代化的发展，而治理现代化的推进又需要法治化作为保障。因为治理现代化的重要方面就是实现"法治"，而法治又必须有法可依。为此，我们要健全以下几方面的法律法规：

**1. 教育法的确立**

教育法对教育发展做出整体性的描述和规定，是较为基础、全面的法律。

## 2. 建立公正无私的执法体系

出台相关规范的法律条文和规定，从而建立有序的执法体系，防止人治带来的主观、随意、不公正、徇私枉法等问题。

## 3. 健全法律监督体系

这是保障法律良好执行的重要手段，在此类法律中规定执法不当所应受到的惩罚和制裁，从而保障教育相关法律在执行、落地过程中不被扭曲。

### 五、推进信息技术的应用

现代化的实现是一个社会整体发展和进步的过程，随着信息技术的蓬勃发展，教育治理现代化也可以享受科技的成果，充分利用科技带来的便捷，提高自身的发展速度。在推进治理现代化过程中，我们可以引入多种技术手段，比如大数据资源库建设、公共数据平台搭建、移动终端开发等，以此帮助我们丰富治理手段，提高办事效率，具体体现在以下几方面。

## 1. 政府方面

可以借助信息技术手段打破时空限制，吸引公众在网络平台（如微博、论坛等）上各抒己见，为教育决策、学校发展出谋划策，从而间接参与教育治理。

## 2. 学校方面

可以通过建立微信公众号宣传学校的办学情况，并以此加强社会对自身的监督，也可以通过建立微信群等加强校内教师之间的交流与合作，提高办事效率。教师也可以通过建立公众号、通信群，展示班风班貌，密切和学生、家长的联系与交流。

### 3. 社会方面

相关机构可以建立大量的数据库和资源平台，打破学校之间的壁垒和教育的限制，帮助学校开阔视野。比如社会机构可以建立人口监控数据库，帮助学校预测随迁子女数量。还可以建立学校共享数据库，监测学校办学成效，同时促进学校之间的课件、校本课程等资源的共享。

## 基础教育治理现代化与未来教育

基础教育治理现代化的逐步完成和实现，也预示着未来教育的到来和呈现。未来教育有什么特点，我们在未来教育中的基本立场是什么，现在应该做好哪些方面的准备，都值得我们预先了解。

未来，是从现在往后的时间，是相对于现在我们所处的这个时刻而言的未来时间。它既可以是一个时刻，也可以是一个时间段。在常用词汇中，有时可以与将来通用。

教育是文化的一种表现形式，教育能够以浓缩的形式展现人类在漫长的历史中经历过的政治、经济、文化发展的过程，使人们在有限的学习时间中获得尽可能多的财富，并转化为巨大的生产力。

而对于"未来教育"，到目前为止，还没有一个能够真正揭示其本质的定义，学者们也是各有各的见解，各有各的主张。但有一点可以肯定，未来教育是在未来的社会中教育的一种具体模式和愿景，而不是面对未来的现在的教育。

### 一、未来教育的重要标志

新中国成立之初，我国一穷二白。1952年，我国的国内生产总值（GDP）只有679.1亿美元。2020年，我国GDP突破100万亿元，中国已成为名副其实的世界第二大经济体，标志着我国综合国力持续增强、科技实力不断进步、经济实力显著提升，为我国构建新发展格局奠定了坚实基础，并成为世界经济发展的巨大引擎。

经济上的巨大变化，促进了文化的巨大发展，而教育作为文化的一种重要形式，也随着经济的巨大发展而迅速发展起来。对于未来教育，受教育者接受教育的原因，已由原来意义上的"教育改变生活"，转变成"能更好地生活以及生活得更有意义"。所以这种不是为了生存，而是为了能更好地生活的转变便成为未来教育的重要标志。

**二、未来教育的内在动力**

教育具有选择、传递和创造文化的功能，如何能保持教育的可持续性发展，未来教育中学校是否会消亡，教师以何心立职，都可能是未来教育中出现的新问题。作为个体，面对未来教育，其动力源在哪里，也是我们今天需要思考的。我认为，未来教育的内在动力是永远保持一颗自觉学习的心，此外，不断创新也将成为未来教育发展的不竭动力。当今世界，科学技术高速发展，未来的社会，科技更将高歌猛进，创新已成为时代的主旋律。

未来教育仍将会在不断的创新中前进，作为未来教育中的每一个人，不论是教育者，还是受教育者，都要树立自觉学习观，坚持终身学习的理念。随着科学技术的突飞猛进，人类知识获取的总量激增，知识更新的速度越来越快，"知识爆炸"使人们不能不改变传统的教育和学习方式；另外，现代信息技术的飞速发展，也为教育和学习方式的改进提供了物质条件。因此，促进社会的学习资源、

文化资源、教育资源整合，意味着文化传承方式的新变革，所以个体想要适应未来社会、未来教育，则必须要树立自觉学习观，坚持终身学习的理念，它将与不断创新的理念一样，成为未来教育发展的内在动力。

学海无涯，学无止境。未来教育将是一个更加完善的现代化的国民教育体系。目前，我国人民接受教育的途径已远远超出了传统的学校教育的范围。为了满足未来教育中人们多样化的教育需求，必然要建立起基础教育、职业教育、成人教育和高等教育的有效衔接；正规教育与非正规教育的有效结合，职前教育、职后教育与培训的相互贯通；学校教育、家庭教育、社会教育更好配合的终身教育体系。这样才能使每一个人全面健康地发展，也才能使未来教育更有意义。

### 三、未来教育的主要特征

#### 1. 未来教育中的教师要有民族情怀与国际担当

未来教育是一个更加开放的教育，其发展既会有机遇，又会面临着诸多的挑战，这就要求，未来教育中的教师既要有深厚的民族文化底蕴，又要有广阔的国际视野，概括地说，就是要有民族情怀与国际担当。

未来教育中的教师要有深厚的民族文化底蕴，要认真汲取中华优秀传统文化的思想精华和道德精髓，深入挖掘和阐发中华优秀传统文化的时代价值。未来教育中教师的国际视野是指知识视野、历史视野，教师只有不断拓宽国际视野、尊重时代规律、厚植爱国主义情怀、认同话语体系，才能够在风云变幻的世界与时偕行，成为担当民族复兴大任的时代新人。

**2. 未来教育中的学生要敢于创新和勇于挑战**

现代社会中获取知识的途径是非常多的，未来更不可想象。未来教育中，学生的知识量未必会比老师的少，所以作为未来教育中的学生要有敢于创新和勇于挑战的心理和信念，只有这样，才能不断地激发对知识的渴求与欲望，使得教学相长。未来教育需要师生共促教育乃至社会的发展。

**3. 未来教育中"代沟"将成为教育新常态**

"代沟"一词，是20世纪60年代末美国人类学家玛格丽特·米德在所著《代沟》中提出的，泛指年轻一代与老一代在思想方法、价值观念、生活态度、兴趣爱好等方面存在的心理距离或心理隔阂。在未来教育中，知识的更新速度之快、获取渠道之多、创新力度之大都是难以想象的，我们稍不留神，就有可能成为一个"老人"，因此，"代沟"或将成为教育新常态。

**4. 未来教育中教育者要致力于学生思维品质的培育**

思维品质是思维个体在思维活动中所表现出的智力特征。它主要包括思维的深刻性、灵活性、独创性、批判性和敏捷性等。在未来教育中，教育者要致力于学生思维品质的培育。培养学生严谨、深刻和具有批判性的思维品质是未来教育的重要课题。虽然方法多种多样，但究其根本，即要调动学生学习的积极性。教师要善于启发、引导、点拨、解疑，使学生变学为思，主动参与到探索知识的形成过程中去。

**5. 未来教育将实现教育"变"与"不变"的大统一**

未来教育，是相对于过去、现在而言的教育，未来虽尚未可知，但未来一定是充满着无限变化的时代。随着科学技术的发展，尤其是信息技术的发展，教育将迎来空前的变化。我认为具体将表现在以下五大方面。

**（1）教学内容**

教学内容是对客观存在的一种反映。随着经济全球化的发展和科技的日新月异，科技产品越来越丰富多样，人类社会的诸多领域都发生了广泛而深刻的变化，劳动者素质大大提高，劳动对象大大丰富，新生事物层出不穷，人类的认知空前扩大，这些都不能不在教学内容上留下痕迹。所以在未来教育中，教学内容不论在自然科学领域，抑或是社会科学领域都将实现大发展、大突破，这也将是未来教育变化最突出的一个方面，在某种意义上也可以说，教学内容的变化体现了时代发展的需要。

**（2）教学手段**

科技的每一次进步，都为教育的发展提供了先进的教学手段。传统的教学手段虽然在一定的场合和范围内仍然具备存在的价值和必要，但先进的教学手段进入课堂或教学场所的趋势已不可阻挡。信息技术的发展，特别是与教育的融合以及与学科的整合，都将产生积极的影响。如果说电脑、投影、电子白板的使用是教育信息化的1.0版，那么，以"技术应用与教育实战"深度融合为标志的数字校园则是教育信息化的2.0版，通过大数据分析，让技术服务于人，以此为特征的"智慧校园"是教育信息化的3.0版。教育部在《未来学校研究与实验计划》中已提出建设"绿色、智能和泛在互联的基础设施"的主张。所以，在未来教育中，教学手段的变化将是最明显的一个方面。

（3）**教学理念**

教育实践是伟大的实践，认识的根源来自实践，但又必然对实践产生巨大的反作用。教育部在《未来学校研究与实验计划》中已提到，在未来教育中，教师将成为"人工智能融合的教师"，我们把它称之为"课程智慧系统"，而系统的最终形成，都应得益于教师教学理念的更新。我国是一个地域广阔的国家，生产力发展还不够均衡、充分，城乡存在着一定的差距，加之人口众多，受教育的群体为世界最大，而且广大教师受传统教育思想影响较重，所以，在未来教育中，教育教学理念的变化将是我国目前面临的最大难题之一。

（4）**教学评价**

"德才兼备"一直是我们期待的人才标准，"行行出状元"也是人们一直尊奉的行业精英的标准。但在实际的教育中，传统教育对"才"的偏爱已毋庸置疑，而这种"才"很大程度上表现为学习成绩好，直至今天，在教师眼中，学习好的孩子才是真正的好孩子。但随着时代的发展，专业化分工越来越细，需要人才的地方也越来越多，国家从未来需要的人才的角度出发，提出并强调了"五育并举"的人才培养模式，这在未来教育中，将成为我们对教学评价的一个方向。学生哪一个方面突出，哪一个方面有优势，教师就要根据学生的特点，帮助其做好生涯规划并着力打造，使其能在专长的领域发挥自己的才能。所以，在未来的教育中，正确而充分的

教学评价将成为最具潜质的软实力。

（5）**教学资源**

教学资源不是单纯意义上的知识供给，更不是简单意义上的知识获取渠道，它是一个"集成、智慧、因变的新学习场景"，是一个集场所、知识与信息为一体的"大资源"概念。就场所而言，教学资源经历了从"杏坛"到田间地头、从教室到工厂社区的变化；而在未来教育中，教学资源不是教室里的几块电子白板，也不是白板上的几个课件，更不是课件里的几个代替板书的知识要点，"云课堂"这种线上教学模式将成为教学的重要场所。这样的平台有利于教师个性化地推进课堂教学以及与信息技术的融合创新。在这里，可以实现很好的互动，有效缓解一些同学在课堂上不敢发言、不敢提建议的情况。线上教学与线下教学的有机结合、大数据提供的更多可供选择的信息、各门学科与生活密切联系所带来的生活气息，都将成为未来教育的资源。所以，教学资源的日益广博和广阔是未来教育持续发展的最大支撑。

瞬息万变的社会和日新月异的时代，给教育带来了可喜的变化，但这些变化只是内容、手段和环境的变化，而从教育的实质来看，有些东西是不能变的。恰恰是这些不变的东西，才是教育真正成功的关键。我认为具体表现在以下三大方面。

第一，教育的本质不变。教育的本质是育人，就新时代而言，立德树人始终是我们的根本任务。任何教育内容的变化、方式的更新、评价的完善都不能离开教育立德树人这个终极目标。而能真正完成这个目标的是我们的教师，学生依靠教师培养，这是任何技术都代替不了的，也正因为如此，我们教师才更要"不忘初心"。

第二，教育的使命不变。正因为对教育的初心不变，所以我们更容易认清教育的使命。教育的使命不仅仅是让学生学会知识，更重要的是让学生知晓做人的道理和准则，因此，不仅要求教师有扎实的学识素养，更要求教师有高尚的师德，并以自身良好的社会形象影响并感染学生。

第三，教育的情怀不变。由于初心和使命的不变，才有从教者守望教育的情怀和执着。作为教师，要有信心，因为我们是接受师范院校高等教育并经过专业学习的从业者，我们是拥有专业技术的专业人士，所以我们要坚守岗位，努力奋进，把我们从事的职业变成我们毕生追求的事业，并把它做好。

### 四、未来教育的基本立场

世界是一个多民族的世界，但对于改造自然、变革社会、探索世界却都有着相似的社会实践，也可以说，作为实践本身是具有共性特征的，而在这种共性的实践中产生和发展起来的不同民族的教育，也自然具有共性。当然，不同民族间，由于政治、经济、历史、地理等多种因素的不同，也使得各民族的教育存在着差异。在未来教育中，面对着各国教育的差异性和多样性，我觉得既要认同本民族的教育，又要尊重其他民族的教育，相互借鉴、求同存异将成为未来教育全球化的基本立场。

习近平总书记倡导建立人类命运共同体，顺应经济全球化发展趋势，尊重世界文明多样性。未来教育应该是不

拒绝差异的教育，所以，我们要有"各美其美，美人之美，美美与共，天下大同"的胸怀和气魄，坚持"一花独放不是春，百花齐放春满园"，在未来教育中，尊重差异，理解个性，和睦相处，共同促进未来教育的繁荣发展。

通过以上阐述，我们得出未来教育的逻辑架构：即通过终身学习和不断创新内在动力，了解未来教育的基本特征，坚定相互尊重、相互借鉴、求同存异的基本立场，通过现代化的信息技术手段，适应未来社会的快速发展，达到人的全面发展，最终使我们每一个个体都生活得更加有意义，真正体现教育育人的本质。

# 第二辑
## 坚持立德树人　以学生发展为本

教育应以立德树人为根本任务，坚持学生全面发展，促进五育均衡发展，逐步构建德育课程体系，着力培养时代新人。

立德树人是教育的根本任务，学校应树立"人人都是德育工作者"的德育理念，做到"人尽其才、物尽其用、室尽其能、时尽其效、脑尽其思、心尽其享"。

德育工作应秉持系列化德育养成习惯的理念，从人际交流、传承担当、身心健康、遵守秩序、计划行事、分享合作、艺术素养、个性修养、勤于动手、科学思维、逻辑方法、综合能力十二个维度分解和设计基于习惯养成的德育常规活动，以中华优秀传统文化，如二十四节气等为载体，增强德育工作内涵，不断完善和增强德育工作的整体性、开放性、自主性和时效性，使学校德育教育不断适应学生的身心特点，贴近学生的实际生活。

根据学校的人才培养目标，深挖其中的德育教育内涵，确定学校德育课程目标；然后再围绕学校的德育课程目标，根据学校实际情况，结合学生的学习进程和生活实际，构建学校德育课程群；再立足学段实际，对学校整体育人目标进行充分解读，树立学校的德育总目标并进行学段目标分解，在目标引领下，搭建整体德育课程框架，最终构建德育课程体系。

## 德育实践的基本原则

### 一、德育教育与需求相结合

注重课程实施与学生需求相结合。在各项活动中，学生是主体，课程虽有既定或生成的内容，但仍要及时了解学生的需求和想法，并做适当调整。同时，根据各年级学生的年龄特点，在课堂、活动设计过程中遵循生活性、兴趣性、探究性原则，通过自主体验、交流、讨论、头脑风暴等形式落实目标。

### 二、德育教育与生活相结合

从实际出发，注重课程实施与学生生活相结合。尊重学生个体，在了解其生活环境、生活内容、兴趣爱好等的基础上，使课程实施生活化、儿童化，融趣味性、多样性、可选择性于一体，贴近学生、吸引学生，使学生在温馨的环境中活动、感悟和成长。

### 三、德育教育与学科相结合

注重课程实施与学科教学相结合。根据各学科教材内容、教法特点的共性与个性，挖掘内涵，找准结合点，使课堂教学与校内外活动有机结合，让学生在学习、掌握知识与技能的基础上，更有自信地参加活动，并在活动中运用知识与技能动脑思考、动手体验、收获感悟，进一步提升教育效果。

**四、德育教育与阵地相结合**

注重课程实施与教育阵地相结合。校内外的教育阵地林林总总，可利用红领巾广播、升旗仪式等进行课程教育，也可结合社会实践、研学活动进行课程拓展。因此，课程实施应充分利用各类阵地，借助生动活泼的形式将学生在活动中的内心体验和收获充分展现出来，让不同个性、不同特长和不同思维方式的学生均得到充分发展，以实现课内外、校内外的融合。

## 德育实践的主要路径

### 一、德育培训常态化

班主任是学校德育工作的主体，因为我校的班主任队伍呈现数量大、年轻化的特点，所以对班主任进行培训是十分必要且非常重要的。学校利用北师大雄厚的资源及专家团队，积极创造条件支持班主任外出学习；德育处也根据每学期重点实施的德育课程，适时地对班主任进行培训，使培训日益常态化。通过培训，营造出良好的育人氛围，班主任的育人能力和水平得到很大程度的提高。

### 二、班团队会系列化

班、团、队会是班主任根据教育教学要求和班级学生的实际情况开展的有针对性的教育活动，是学校德育工作的主要阵地。建校五年来，学校德育处根据实际情况，对班、团、队会进行深入的思考，通过一系列相对独立又相互联系的课程的实施，来达到教育的目的。班、团、队会系列化是对德育总目标的细化和分解，是对有效班会的理性思考，是基于对提高班、团、队会课效果的考量，是对学生产生持续影响的现实教育的需要，是独立班、团、队会课的延伸和拓展，具有很强的实效性。

### 三、研学活动课程化

学校以"培养具有家国情怀、社会担当、世界眼光、未来意识、科学精神和创新能力的适应未来社会发展的优秀人才"为培养目标。"走出去"开展研学活动是学校自建立以来就一直提倡的教育活动。五年来，每年每个学段的学生都有研学体验活动，研学体验活动日益课程化，深受广大学生和家长的欢迎。研学活动既能寓教于乐，也能激励学生；既能让学生亲身体验，拓宽知识视野，又能培养学生的团队精神；既能提高学生的公德意识，又能增强学生的安全意识。

### 四、体育教育规范化

通过对体育与健康课程的规范化学习，使学生掌握和应用基本的体育与健康知识和运动技能，增强学生体能，培养学生运动的兴趣和爱好，形成坚持锻炼的习惯；使学生具有良好的心理品质、人际交往的能力与合作精神；提高学生对个人健康和群体健康的责任感，形成健康的生活方式；鼓励学生发扬体育精神，形成积极进取、乐观开朗的生活态度。

### 五、美育教育创新化

美育课程具有人文性质，是学校进行美育教育的主要途径，是九年义务教育阶段全体学生必修的艺术课程，在实施素质教育的过程中具有不可替代的作用。"美是德之基。"通过美育教育，可以提升学生的审美情趣，培养学生感受美、鉴赏美和创造美的能力。"以美育人、以文化人"是新时期素质教育工作的基本要求，是构建立德树人、营造润物无声的良好氛围的基石。艺术学科是美育的主阵地，

学校开齐开足音乐、美术、书法和舞蹈等艺术类课程，系统普及美育知识，将音乐、美术学科作为美育教育的龙头科目。教师充分应用一切可开发的资源，通过创造性转化和创新性发展，讲解造型、色彩、画法在美术中的应用，提高学生的绘画技巧和审美意识；通过讲解乐理知识，说明不同曲调、节拍、音符的特点，使学生掌握艺术的不同表现手法，从而激发学生表现美和创造美的欲望，学会如何发现美、表现美和鉴赏美，培养和发展学生的艺术特长。

**六、劳动教育制度化**

习近平总书记在全国教育大会上发表的重要讲话中把"劳"字列入全面发展教育理念，具有重大战略意义。劳动作为生活中最基本的要素，是幸福的源泉，也是每个人实现自身价值和理想的途径。"劳动可以树德、可以增智、可以强体、可以育美。"学校大力提倡劳动教育，五年来，一直组织学生开展力所能及的劳动教育实践活动，入社区、进田地，培养学生的劳动观念和劳动意识，实现劳动教育制度化。通过劳动教育，能增强学生体质，陶冶学生情操，促进学生身心健康发展，还能在劳动中培养学生观察、想象的能力和创造精神。

学校"以德为先、以智为本、以体为重、以美为贵、以劳为基"的五育均衡发展育人模式，着实让北师大长春附属学校的学子受益匪浅，培养出了一批又一批品德高尚、知识扎实、体魄强健、心灵美好、热爱劳动的时代新人。

## 德育实践的经验参考

德育是学校教育中最重要的一项内容。德育实践活动是在教师引导下，学生自主进行的综合性学习活动，是基于学生的经验、密切联系学生自身生活和社会实际、体现对知识的综合应用的实践性课程。德育实践活动不是教学层面的一种教学活动方式，而是课程层面的一种具有独立形态的课程。德育实践活动课程强调超越教材、课堂和学校的局限，在活动时空上向学生的生活领域和社会领域延伸。

如果只是组织大量的活动而没有有效的管理与引导，德育实践将是杂乱无章的、无序的、低效的活动，所以要对其进行统筹规划。家长和社会的理解和支持，是德育实践活动顺利开展的重要因素，因此要注重对家长和社会的宣传工作。利用有关媒体、家长学校、家长会等平台，广泛宣传德育实践活动的重要性、必要性和特殊性，引导家长和社会了解德育实践活动不但不会影响学生对学科课程的学习，反而会因为活动增强学生的探究意识和创新意识，学会科学的研究方法，提高综合运用知识的能力，从而有益于学生学科课程的学习，进而重视并配合学校开好这门课程。

近20年的班主任工作经历，使我在德育实践中颇有心得。仅举几个案例，以供各位同人参考，当然，也只是参考，具体事情还需要各位同人根据自身实际情况而定，与时俱进，一切从实际出发，做到具体问题具体分析。

# 以情育人　转化学困生

简单来说，"学困生"是指智力水平正常、但是学习质量低下、完成不了课堂学习任务的学生。随着素质教育的不断深入，"学困生"已经成为当前教育领域关注的焦点问题。

作为一名教师，最头痛的莫过于班上的"学困生"，他们通常表现为成绩不理想、调皮、上课不用心听讲、影响其他同学学习等。通过课堂观察、课外谈话等多种形式对"学困生"加以关注，经过认真分析后，我发现他们在心理上存在着许多共同点：感知力的复杂性；注意力的不稳定性；心境多变，缺乏毅力；自尊心极强，极度自卑。我认为对"学困生"的教育首先在于情感教育，从精神方面感化他们、引导他们。

如何运用情感教育帮助"学困生"克服心理障碍已经成为当前教师亟待思考的首要问题。多年来我一直运用情感教育来辅导学生，收到良好的效果。

## 一、用关心和爱守护他们的心灵

"学困生"不一定是"坏"学生，他们的个性中有许多复杂的因素，大多对外界的刺激敏感，表面上看他们对什么事都"无所谓"，实质上却总处于一种防御状态。如果教师引导不当，他们的闪光点就得不到充分发挥。我班有位男同学，思想懒惰，沉默寡言，不喜欢参加集体活动，很少做作业，各科成绩都比较差。从与他的几次谈话中我了解到，他总认为自己智力不如别人，老师、同学看不起他，久而久之，他上课不敢发言，平时不愿与同学接近，学习上有困难也不敢问老师和同学。针对他的这种情况，我尝试着做他的朋友，从各方面去关心他。课堂上有意让他回答一些较容易的问题，答对了便进行表扬、鼓励，以此来增强他的自信心。有一次上课我发现他没精神，气色不好，于是我走过去摸摸他的额头，发现他正在发烧。我安慰他，并立刻送他去医务室，吃了药后通知家长接他回去。我叮嘱他好好休息，功课落下没关系，我会帮他补上。后来通过与他妈妈交谈得知，他说他没想到老师会这么关心他，以后一定要努力学习，报答老师对他的关心和爱护。此后，我更加关注他，用情感来感化他，慢慢地，他变得开朗起来，愿意和老师、同学接近，作业也能按时完成，学习成绩有了明显提高。

### 二、用亲情挚爱温暖他们的心境

人的心境容易受到外界影响，"学困生"尤其如此。家庭是学生生活的主要场所之一，亲情直接影响孩子的心理健康，尤其是父母对孩子的态度。我曾经教过一个学生，他的学习态度不好，行为习惯极差。经多方了解，得知他父母工作忙，顾不上他，更不过问他的学习。一旦犯错，不是臭骂就是暴打，有时连邻居都觉得太过分。久而久之，他的情绪越来越低落，学习、行为习惯越来越差。了解这些情况后，我经常找他父母沟通，让他们知道这样做可能会毁了孩子的一生。我建议他们去参加家长学校的讲座，多阅读青少年报，了解怎样教育孩子；多抽点时间陪陪孩子，

多与孩子交流沟通，了解孩子的心态，发现问题从正面引导，让孩子感受到家庭的温暖。经过一段时间的努力，家长改变了教育态度，孩子的精神状态也有所好转，在各方面都取得了进步。对此，家长感慨万千：学校教育固然重要，家庭的亲情教育更不容忽视。

### 三、用纯朴热情关爱他们的情绪

"学困生"往往会遭到冷眼，他们大多数学习成绩不好，但自尊心很强，往往会争强好胜，喜欢展示自己，企图在同学们中树立威信，而一旦遭到冷落，就会自暴自弃、自甘落后，失去学习的兴趣，甚至通过与别人打架、顶撞老师来满足自己争强好胜的虚荣心。这时就需要教师摸清他们的内心世界，对症下药，关爱他们，热情耐心地帮助他们树立信心，做他们的良师益友。我班有一个学生第一单元考试得了28分，成绩明显比上学期差，通过了解得知，她的父母刚刚离婚，她认为爸爸不爱她了，因此情绪受到很大的影响。我拉着她的手和她谈心，她泪流满面。我告诉她，既然已经成为事实，你不能改变大人的决定，就必须自强起来，接受现实，努力学习，用好成绩来安慰妈妈，也让爸爸知道你没有因为家庭的问题而放弃学习，这样爸爸也会安心。爸爸爱你的心不变。我帮她擦干眼泪，告诉她，花香自有蝴蝶来，他是你的爸爸，你优秀了，才会得到更多人的喜欢，你的爸爸就更不用提了。她点点头，脸上露出了笑容，答应我今后要努力，不辜负老师、父母的期望。

### 四、用仁爱之心安抚他们的内心

每个"学困生"都对自己的学习成绩十分焦虑。"学困生"是学生群体中受伤的个体,所以我们应该像医生一样,不仅要用自己高超的本领,去找准他们受伤的根源,更要用仁爱之心去安抚他们的内心,帮助他们早日恢复"健康"。我相信在我们的精心呵护下,在我们春风化雨润物无声的感化与教育下,他们一定会甩掉"学困生"的帽子,健康地成长。

### 五、用积极评价肯定他们的进步

科学积极的评价是实现课程目标的重要保障。积极评价能够使学生在学习过程中不断体验进步与成功,认识自我,建立自信,促进他们综合能力的全面提高。而我们的"学困生",正是学习没有动力、成长没有自信的"一小撮人",他们更渴望老师和家长的肯定。所以我们老师应该以积极的评价来肯定他们的进步,让他们在学习中不断体验、享受进步与成功的喜悦,增强自信。在课堂教学中,教师的积极评价,是给予"学困生"的鼓励,能直接促进他们的求知欲、创新意识的萌发和创造力的产生,因此,教师应对学生学习行为的结果、反应等做出积极的评价,努力做到客观、公正、热情、诚恳,使学生体验到评价的严肃性,并从中受到鼓励。

### 六、用睿智的眼光捕捉他们的闪光点

班主任对"学困生"要有一个正确的心态,要相信每

一个学生都是可造之才，善于发现他们的闪光点，留意他们的点滴变化，以鼓励表扬代替批评指责，引导学生改正不足、不断进步。

要相信"学困生"身上也有闪光点。"学困生"的缺点是明显的，而优点往往是隐蔽的。要发现"学困生"的优点，不仅要下一番功夫，还要有敏锐的洞察力，尤其需要有正确的态度，对他们要看"变"，相信他们能变好，立足于"争"，着眼于"救"，着手于"拉"，才能把他们的闪光点挖掘出来。我所教过的班级中有个学生，他为帮助本班的同学和别班的同学打架，从而使班级失去了流动红旗。我没有批评他，而是摆事实、讲道理，让他认识错误，汲取教训，并给他指出了努力的方向。最后，我真挚地对他说："你帮助同学是对的，但方式错了。因为打架而影响了班级荣誉，你心里也很难过，但你也希望为班级争回荣誉，对吗？你有信心向全班同学证明自己吗？"他的回答是肯定的，最后的效果自然也是理想的。

运用情感教育"学困生"，不是嘴上说说就罢了，而是要贯穿整个教育过程。情感教育可自上而下，从教育方针、教材体系改革或文化定位与文化管理入手，也可自下而上，从优化人格、关爱学生、平等对话、积极评价、宽严相济、自觉反思等方面入手。只要确立了现代情感教育理念，人们就会在情感教育实践中创造出无数行之有效的教育方法，促进个体心灵健康成长。转化"学困生"是一项长久的工作，不是三言两语、三天两天就能做好的事情，有时你的付出不一定就有收获，甚至会徒劳无功。作为老师，看到"学困生"的进步是对我们最大的安慰。在今后的教育工作中，我将会孜孜不倦地进行探索研究，让更多的"学困生"愉快地学习，早日摘掉"学困生"的帽子。

## 建防护林　防心灵沙化

近些年来，我国北方大部分地区以至江淮地区，都不同程度地受到了"沙尘暴"恶劣天气的影响，其持续时间之长、影响范围之广、破坏强度之大都是历史上罕见的。专家们呼吁：应不失时机地保护和改造自然环境，植树造林、退耕还林，以防止土地沙化和"沙尘暴"天气的出现。

与自然界的"沙尘暴"现象相对应，近些年来，在人文社会中，青少年学生不断上升的犯罪率及日渐严重的心理偏激，给社会、学生家庭和学生个人都造成了不良影响。这种现象是不是也可以称作是"沙尘暴"呢？而究其沙源，就是学生"沙化"了的心灵，所以积极营建"防护林"，预防和治理学生心灵的"沙化"，已迫在眉睫，切不可等闲视之。

目前，青少年学生犯罪和不健康的心理主要包括：打架斗殴、坑蒙拐骗、抢劫杀人；由于受外界环境影响而产生的逆反、孤僻和自虐等不健康心理。社会、学校和家庭都有义务对学生进行正确的引导和教育，开垦一片绿洲，让他们在其中快乐、健康地成长。

## 一、社会对青少年的思想形成起方向性的指导作用

人之所以能被社会化，就是因为人生存在社会和群体之中，整个社会的主流思想，对于学生个人的世界观、人生观和价值观的形成都具有很深刻的影响。因此，社会应正确地加以引导，给青少年学生营造一个健康的思想环境，尤其是在大众传媒领域。我国是社会主义性质的国家，所以应加大对马列主义、毛泽东思想、邓小平理论、"三个代表"重要思想、科学发展观和习近平新时代中国特色社会主义思想的宣传，使他们真正地理解其精髓，形成正确的观念、思想；另外，在影视剧中，应改变当前凡是"纯属虚构"的就津津乐道的状况，而要加大爱国主义、人道主义及有益于青少年身心健康发展的影视剧的播放量，坚决禁止暴力、赌博以及一些腐朽思想的内容搬上荧屏，从思想上净化学生的心灵。

## 二、学校是对青少年进行感化教育的重要阵地

### 1. 从教师作用角度看

教师应遵循教育原则，掌握教学方法，寻求教学规律。善于发现学生的闪光点，以激励教育培养学生兴趣，使学生感觉你既是一位老师，又是一位朋友。只有这样"亲其师"，才能"信其道"，进而接受你的思想，形成学生自己的观点、思想，并经过启发呈现出发散性、创新性特征。

### 2. 从课程设置看

应开设社会主义、集体主义和爱国主义的专门课程以及心理健康教育的课程，加大对学生心灵感化的力度。

### 3. 从学校职能部门的作用看

学校的政教处（教导处）、团委应充分发挥作用，通过开展各种文体活动、兴趣小组活动等，丰富学生的生活，陶冶学生的道德情操，锻炼学生的坚强意志，提高学生的能力，增强学生的集体荣誉感，帮助学生形成良好的品质。

### 4. 从学校周边环境看

有关部门应坚决严格把控学校周边录像厅、游戏厅、台球厅以及一些不健康的网吧等的开设运营，还学生一个轻松、纯净的空间。

### 三、家庭是青少年开始认识社会的发源地

要想孩子健康地成长，在家庭中，只需父母做一件事：不要让孩子过早地被社会化。具体地讲，即不要把一些不好的行为习惯带入家庭，如吸烟（吸毒）、酗酒、赌博以及夫妻间的纠纷和暴力等等。这些都会给孩子造成很大的不良影响，甚至走上歧途，因此父母应以身作则。

总之，青少年学生的健康成长，需要有良好的社会、学校和家庭环境，这样才能使学生受到良好的教育和影响。其实世界上原本不一定哪里都有沙，只不过乱砍滥伐的人多了，便形成了沙。青少年学生的"心灵之沙"亦然。

## 积极自信　化心理滞障

在青少年学生这一最大的受教育群体中，存在极少数的在心理上和精神上有某种缺陷的学生，我们暂且把他们

称作"心理滞障生"。他们为人做事显示出一些少见的行为举止，令其他学生很难接受，因此他们变得孤单寂寞，生活无心，学习无趣。我班有一个学生，就属于这种心理滞障生。

在我班的一次服务周中，为进行周一升旗仪式队伍的演练，我让同学们按身高排好队，以选拔最佳队伍组合。杨同学，他的个头较高，所以入选到了升旗仪式队伍当中，由于长期以来的不自信，使他不能完全像其他同学一样正常训练。因此"齐步走""正步走"虽很卖力气，但却很不合拍，同学们虽然尽量忍着不笑，却也难以控制，最终还是大笑起来，这更使他无地自容，也令我痛心不已。

杨同学之所以出现今天的心理封闭，进而导致心理滞障，是由其生理方面引起的。杨同学出生时便有先天的生理不足（豁唇，后来即使做了手术，也有缺陷），当孩子长大时，爱美之心使他不能对自己感到非常满意，于是在心理上便出现了严重的恐慌、滞障。

鉴于升旗仪式队伍演练所发生的事，我经过快速思考，迅速做出决定。

我先把杨同学从队伍中找出来，对他说："今天的升旗仪式队伍演练，咱们班级的同学做得都非常好，你做得也非常出色，但是，老师不让你参加升旗仪式了。"杨同学一脸的疑惑，言语不十分清晰地对我说："为什么呀？"接下来我对他说："老师不让你参加，有两个原因，一是老师觉得你走得非常标准，是咱们班级的同学都合不上你的拍。"孩子感到很自豪。"真的吗，老师？"孩子惊奇地问道。我说："是的。老师不让你参加的第二个原因是，有一个重要角色需要你来担当,那就是护旗员。升旗仪式的主席台上,需要4个人做护旗员,老师觉得那是一个非常神圣的角色,你愿意吗?"孩子很高兴,说:"老师,我可以吗?"我说:"当然可以。""谢谢老师!"

心理学研究表明,自信是人的心理活动,是处理好事情的内在推动力。在某种意义上,它还有一个公式可以遵循,这个公式是"自信——能力——经验——尝试——感觉"。

在这个公式当中,自信的基础是能力,有能力便有自信。能力来自经验的积累,而任何经验都开始于尝试,我们尝试做某一事情时都来自想尝试一下的想法。比如你想驾驶汽车,便会寻找机会学习开车,通过不断的尝试,积累经验。如果你积累了10年的开车经验,难道还没有开车能力吗?这时,如果有人请你开车,你会不自信吗?

"自信——能力——经验——尝试——感觉"这个公式不但适用于培养自信心,同时也适用于家长培养孩子的信心。运用这个公式,家长培养孩子,使其拥有自信心的简单方法是,多提供机会让孩子做,并及时给予肯定和鼓励。

通过这件事,我认为,可以将解决心理滞障生的心理问题列入未成年人思想道德教育当中。当前出现的心理滞障等问题,在某种程度上,与学校道德目标定位欠佳、学校道德教育的结果与行为严重脱离等有着一定的关联,致使学生们出现是非观念淡薄、价值观念模糊、道德行为习惯养成不足、受社会化影响严重、人文关怀精神欠缺等问题。

教育学和心理研究认为,一个人的知识、技能是可以在他成年以后再弥补的,而他的思想道德品质却是要在未成年的时候培养的。因此,对未成年人进行思想道德教育

势在必行，且不可忽视。在这一教育过程当中，学校、家长和社会都有一定的责任，三者应有机地结合起来，采取鼓励的策略，加强自信教育，帮助学生们建立自信，使其能充分挖掘出自身的智慧与潜能。具体到学校教育中，我认为，学校应根据青少年身心发展规律，采用循序渐进的原则和方法进行，如初中一年级学生应本着养成教育为主的德育理念，培养他们良好的行为习惯，为今后的学习生活打下良好的基础；初二年级的学生应本着以"规律"与"规则"相结合的教育理念，将身心健康发展的规律与思想道德教育有机结合起来；初三年级的学生应本着以诚信教育为主的德育理念，增强其对同学、老师和家长的信任。高一年级的学生应本着以生活教育为主的德育理念，培养其自理能力和热爱劳动的兴趣，为形成良好的人生观、价值观和集体主义观念打下坚实的基础；高二年级的学生应本着以理想教育为主的德育理念，开展理想教育活动，让学生知道要实现自己的理想从主观方面来说就是要艰苦奋斗；对于高三年级的学生来说，应本着以成人教育为主的德育理念，增强学生的社会责任感，进而促使他们尽快成长。

## 懂得感恩　世界才美丽

感恩是一种心态，也是一种美好的情感。感恩是对他人的帮助和恩惠由衷地表示感激，是人性的自然流露。可是我们的某些学生却出现道德滑坡现象：感恩意识淡薄，只知索取，不知回报，以自我为中心，不考虑他人感受。

而他们恰恰是祖国的未来，这能不令人担忧吗？让我们来看一看学生缺少感恩之心的现状吧。

作为一名班主任，我敬业爱生，每逢节日，我都会自掏腰包给我班学生买些糖果，但学生中总会出现"这种不好，那种不好，挑挑选选"的现象；中秋节到了，我给学生精心挑选的月饼，也有同学说"这月饼不合我的口味"。我班的一名男生，由于自幼家境困难，父母被迫双双外出打工，但他却对生活抱有无所谓的态度，不用心学习，花钱无节制，经常去网吧，玩赌博机。还有一名男生，因厌倦上学，不愿听父母唠叨而离家出走7天。顶撞老师、抱怨家长、抱怨同学、抱怨生活、抱怨学校及社会、有过激行为、叛逆行为等等，我想这些情况不仅仅存在于我班我校，类似情况媒体上也常有报道。我们的学生怎么了？在学习和生活中缺少了最基本的感恩之心！作为教育工作者，真的有必要有义务来培养学生的感恩情怀。

当然，对学生进行感恩教育需要学校、家庭、社会的共同努力，这里我仅从教师的角度来谈一下如何进行感恩教育，希望能引起同人们的关注。

## 言　传

教育是人类特有的传承文化的能动性活动，具有选择、传递、创造文化的特定功能。教师应该通过"传道、授业、解惑"的方式把文化经典传递给下一代。古今中外，经典巨著中记载了人们在生活中的真知灼见。指点学生熟读这些经典可以使其汲取智慧，启迪人生，这会令人眼界大开、胸襟开阔。

充分利用多媒体教学，选择短小精美和富有人生哲理的寓言故事、童话故事或名人名家的感恩故事的视频，这种方式既受学生欢迎，又可以让学生明白感恩的道理。我曾带领学生开了一次班会，竟然有学生不了解"乌鸦反哺"的故事，当时我很震惊。我们学校曾组织学生观看了邹越老师演讲的《让生命充满爱》的视频，当时几乎所有学生都哭了，产生了极大的情感共鸣。这些故事、影片在让学生受到熏陶的同时，也唤醒了他们心灵深处的善根，使其产生感恩情结。然后，教师再引导学生把感恩情结转化为感恩行动。

## 身　教

古训有"人之初，性本善"，但现代科技告诉我们，感恩意识不是天生的，传统的德育说教是不够的，我们要采取灵活多样的方式，在"每一张白纸"上都画上最美的音符。

"榜样的力量是无穷的。"虽然我现在面对的是高中生，但是他们在许多方面还是不成熟的，而且绝大多数是住校生，他们和家长、社会接触的时间远不如同教师相处的时间长。因此，教师就应该为学生树立榜样。特别是班主任，他们是学生生活中很重要的领路人。在学校学生可能会不听科任教师的话，但绝大多数都很听班主任的话。班主任对工作的热爱、对事业的追求、对朋友的友善、对老人的孝敬、对困难的韧劲、对生活的乐观……都将深深地影响学生。这就是对孩子潜移默化且深远持久的影响。

在课堂上，教师有义务对学生进行道德教育，既帮助学生树立科学的世界观、人生观和价值观，又可以让学生自己去体会"感恩"的重要意义，何乐不为呢！或者邀请相关的名人名家进行关于感恩与感恩教育的专题讲座；还可以在特定日子以社团或单位名义举行大型的感恩活动；也可以利用教师节、母亲节等节日开展有教育意义的晚会或班会等。

为师者都了解"理论联系实际"的重要性，感恩教育当然也不例外。课堂上借教学之机进行教育，学生只是在理论上知道了，但知道了不一定能做得到，因此我们就要采取各种方式来检验。可以是学唱一些感恩的歌曲，或是在特定日子为特定的人做一些令人感动的小事情。如我的孩子做过一次家庭作业——必须为你的父母洗一次脚。这次活动之后，我的孩子进步了许多，也懂事了许多。而这些高中生由于"不好意思"的心理作祟却做不到，真应该让他们反思反思了！还可以让学生回家时帮父母洗衣服、做家务等。活动的关键在于能否将其意义内化为学生的自觉行动，让学生自发产生感恩心理并付诸行为才是最重要的目标。

感恩教育的方法有许多，就看我们是不是善于观察思考。当一个人"懂"感恩时，便会将它化作行动，在生活中实践。为师者应该通过各种方式，让学生"懂"。而当人人都懂时，世界就更加美丽了。

## 被隐形生　需要真关爱

我的教学生涯中，经历了很多事，有些事让我至今难以忘记，有些事也让我至今难以平静。在新接的这个班级里，

有一个女同学一直是很文静的，可突然有那么一个阶段（大概有一周多），她在班级里特别爱说话、爱嬉戏、爱打闹。在一次数学晚课上，她竟然和同桌玩起了五子棋。我对她们进行教育，并要求她明天写一份"说明"，第二天我接到的"说明"是这样的：

尊敬的老师：

  你好！

  其实，老师，我们已经不小了，早就知道上课应该专心听课，不应该干别的事，如果连这点我都不知道，那我也不配说我自己是个高中生了。其实我早就知道会有这么一天的，知道老师您一定会找我、教育我的，我很清楚自己的行为，也知道上了高中我自己在学习上、生活上是个什么状态，所以我反而很感谢老师您给我这个机会，听我说说话。

  老师您可能不信，在初中我其实是个文静的学生，在老师眼里我不爱说话，就这样过了三年。后来我发现，在班里，不说话就会被老师、同学忽视，没有人意识到你的存在，甚至同学们会有意欺负你。刚上高中的时候，在军训时，我很压抑，接受不了一个新环境、一个新班级，天天哭，也不跟班级里的同学说话，因为不想说话，也没什么可说，别人说那么多话的时候我是真觉得闹心。可后来朋友包括我妈妈都劝我，于是我也想明白了，我有两个选择：一是就像以前那样沉默三年，当老师眼中的乖乖女，每天就知道学习，不跟别人多说话；二是变得活泼一点儿，逼自己说话，逼自己每天高兴。我选择了第二个，因为社会就是这样，班级也是这样，不说话就会被人当哑巴，没人会理你，这就是班级法则，所以每一天我要努力说特别多的话，装着特别快乐，但这么做真的特别累，但是我知道我自己必须要这样做。

老师，我不是为自己找借口，我就是想把所有心里话都说出来，我不想特别虚伪地说：我错了，我下次不会这样了。那样太虚伪了，我说的就是我最真实的想法。

写这些并不仅仅是一份说明或检讨书，因为其实是我想跟老师您说说话，也想问问您，到底我该怎么做，是该说话还是不说话，在这个班级到底该怎么生存下去，我现在真的不知道。说了那么多，可能耽误老师您的时间了，而我就是想明明白白地跟您谈谈我的真实想法，仅此而已。

以上文字，就是学生的心里话，就是一个中等生的心里话，看着文字，痛在心里，也使我陷入了沉思……

很多和她一样的中等生还戏谑地称自己是"散步"学生。"散步"是"三不"的谐音，指老师对他们不够关注、不够重视、不够期待。也难怪很多中等生这样说。因为长期以来，班主任、科任老师的主要精力都放在了两头：优等生和后进生。出成绩、高考质量主要看优等生。不管你承认与否，更多的班主任、科任老师都偏爱优等生。后进生，问题多多。班级稳定与否主要看后进生稳定与否，做后进生工作也耗费了老师们大量的精力。而面对中等生，老师们真的做得不够。

面对这名中等生的"呐喊"，我们应该反思。作为教师，我们应学会欣赏学生、信任学生，给予学生同等的关注。教师理解学生，把学生看作有思考能力的人、有发展潜力的人，用欣赏的眼光对待中等生的每一个想法，发现他们

的可爱之处和闪光点，尽量给予鼓励和热切的期待。当他们取得成绩时，教师能及时表扬予以肯定，根据具体情况，可以在全班表扬，也可以在私下表扬。发现他们小小的进步，说一句"做得好"，让他们都能感受到老师的关心，对老师产生依恋与依赖，这样，学生要求进步的动机就会得到强化。当他们遭受挫折、失去信心、妄自菲薄时，老师需要指出他们的优点，帮助他们找回曾拥有过的成功的喜悦感，鼓励他们重新树立信心。有多少中等生具备转化为优等生的潜质而由于我们的忽视最终默默无闻？又有多少原来的中等生由于我们的忽视而被后进生拉入他们的阵营？这名学生的呐喊不仅深深触动了我，更让我发现，原来学生也是可以教老师的。多给中等生一点儿微笑、关怀和鼓励吧，让他们不再"被隐形"，这对他们的健康成长具有重要的意义！

总之，在对待中等生的心理问题上，教师应在工作中不断地总结经验，要善于观察，勤于思考，并重在实践。"中等生"的世界其实也是五彩斑斓的，他们有憧憬，他们有梦想，他们也在自己的内心世界里编织着绚丽的梦。教师要做有心人，给予他们信心、爱心、恒心、耐心、诚心，关注他们，并努力地理解他们的想法，给他们提供锻炼的机会，使他们都能够积极健康地发展。要正确地认识到这些"被隐形"的中等生的内在潜能，并将其激发出来。今天，从我做起，让我们共同行动起来，做托起学生梦的太阳，这才是我们真正的事业。

## 德育之健全人格研究

由于互联网的迅速发展，网络已经逐步渗透到我们的生活当中，而初中生作为一个敏感的群体，其人格的培养与发展极容易受到外在环境的影响。例如，网络媒体的传播就是一种新型的传播手段，它脱离了传统的信息传播方式，在传播的速度上更加快速，传播途径更为广阔，同时传播的信息也更加敏感。网络传播的环境能对初中生人格的形成产生重要的影响，良好的网络传播环境能更好地塑造初中生的健康人格。因此，教育者有必要对网络传播环境对初中生人格形成的影响进行分析。

### 网络传播环境与初中生人格的形成

环境是影响初中生人格形成的重要因素之一，好的环境对初中生人格的形成有着良好的促进作用，反之，则会起到阻碍作用。

现在网络已经是人们生活中不可或缺的部分，它改变着人们的生活方式。"人格"一词的概念最早源于希腊语 persona，美国心理学家斯金纳认为人格是一个人独特的行为习惯。网络传播优化了传统传播模式的弊端，它的传播范围更为广泛，也改善了初中课堂的学习模式，

为学生的学习提供了便利，但是，网络的传播也给初中生带来了大量的无用信息，在这种传播环境下，很多初中生沉溺在不良的信息当中，使其人格无法健康发展。

## 一、网络传播环境对初中生人格形成的积极影响

### 1. 有利于初中生人格开放性的形成

在信息时代网络传播环境下的学习方式与传统的学习方法不同，其强调学生发挥自我的主观能动性，积极地探索，培养创新能力，形成开放的社会观念。网络传播环境下初中生已经掌握相应的信息技术，体验到网络传播的便捷，初中生通过网络传播，进一步开阔其视野，思维能力得以发展，网络传播环境有利于初中生人格开放性的形成。

### 2. 有利于初中生人生价值观的形成

网络平台上面的信息资源众多，并且作用极广，比如与老师和同学交流、认识中华优秀传统文化、学习知识经验、提升自我能力等。在网络传播的环境下，学生可以接触书本上所看不见的内容，认识潜在的社会现象，了解新的思想理念与格局，为初中生人生价值观的形成提供了便利条件。

### 3. 有利于初中生人格内部矛盾的缓解

目前，我国初中生的学习压力很大，对于初升高的紧张学习氛围，他们很难释放自我与展现本我，超我更是遥不可及。他们容易产生紧张、焦虑的心理。然而初中生要想身心健康地和谐发展，他们就必须要将自我、本我、超我进行有机结合，使得人格达到一种平衡的状态，对自身的内心想法进行有效调节。网络传播环境是解决初中生心

理状态的有效工具之一，在此环境中，他们能更好地释放自我的压抑情绪，使自我的精神需求得以满足，内心状态得以平衡，有效地缓解其人格内部的矛盾。

### 二、网络传播环境对初中生人格形成的消极影响

网络传播环境的作用能给初中生带来益处，同时也有其弊端。如果对于网络使用不当，初中生的心理状态和道德观念等会受到严重的影响，在其人格形成过程中出现不良现象。

#### 1. 出现心理不平衡

互联网是一把"双刃剑"，有利有弊。初中生包括成年人在内，在使用网络的情况下都是根据自身的喜好来进行浏览和阅读，而其中的信息内容众多，形式多样，缺少审核，对初中生人格的形成存在隐患。初中生主观意识弱，自控能力较低，在网络使用上的自我定位往往不准确，结合现实生活中的对比，容易出现心理不平衡等问题，从而严重影响初中生健康人格的形成。

#### 2. 易产生逆反心理

网络信息传播环境下，其传播媒介必然会涉及游戏等内容，且大多数的游戏具有攻击性的特点。由于初中生控制力较弱，长时间沉浸其中，易使学生效仿网络游戏中的行为，在一定程度上易形成逆反心理，阻碍初中生健康人格的形成与发展。

#### 3. 道德认知意识弱

由于初中生的人生观、价值观还未完善，所以他们的

道德认知易受外界影响。互联网信息参差不齐，且初中生缺乏社会生活的经验，易在使用过程中出现网络依赖，从而弱化他们的道德认知意识，进而导致初中生不良道德行为的增加。

综上所述，在网络时代的背景下，大多数初中生的人格形成都或多或少受到网络传播环境的影响，初中生健康人格的形成应该具备不沉溺于网络、走出书本看生活、广泛的能力等特点，应加强初中生明辨是非的能力，帮助其正确地使用网络这把"双刃剑"，引导初中生形成正确的观念，促进其健康发展。

# 高中生人格发展的年级差异性研究

在以往的教育实践中，教育工作者并不会过多地关注学生的心理状态，教师往往会要求学生全身心地投入到学习中去，这样的状况使得许多高中生人格发展不健全，如出现学生因考试成绩差而伤害自身的悲剧。高中阶段是学生人格形成、发展的重要阶段，这一阶段高中生人格能否得到正确引导，将对学生之后的学习、生活和工作产生深远影响。

## 一、高中生人格年级差异性分析

### 1. 高中生人格研究重点

一些中国学者习惯将人格概括为人类个体在适应环境的过程中在能力、价值观、性格等方面表现的整合；一些外国学者认为人格是个体内在心理物理系统中的内在动力组织。人格的内涵之一指人的能力、性格、气质等特征的总和。人格的定义多种多样，但心理因素在人格中是不可替代的。高中生人格发育尚未健全，因此，需要从心理角度对高中生的人格进行研究。随着年龄、生活经历、学习经历的累积，高中生的人格随着年级的增长而不断发展，并表现出显著的年级差异性。对高中生人格的年级差异性进行研究能够了解高中生人格的发展，通过对不同阶段人格的对比，了解其发展特点，把握学生的心理需求。

### 2. 高中生人格的普遍特征

高中阶段的学生身体发育接近成熟而心理尚在发育，二者的差异使得高中生的人格形成容易受环境的影响，教师在这一阶段引导学生，首先需要知道此阶段高中生人格的普遍特征。在这一阶段，高中生面对两个分水岭：一是学习的分水岭，二是生活的分水岭。高考前后的学习和生活都将与以往截然不同，对此，学生的情绪既兴奋又恐惧。在这样纠结的情绪中，高中生的人格具有不稳定性、不平衡性、自主性、进取性、闭锁性的特点。在这个阶段，高中生身体与心理发展不同步。他们精力充沛，希望能够脱离父母的庇护，用自己的力量去追求理想，渴望用成就展示自己的能力。然而在这个阶段，他们又是不稳定且不平衡的，身体的成熟给予他们能解决一切的感觉，但心理却达不到他们想象中的标准，所以他们会经常感到莫名的烦恼，易冲动和偏激，易将蛮干当成勇敢、执拗当成坚定。这就需要教育者发现并引导，帮助他们形成健全的人格。

### 3. 高中生人格差异

学者王慧研究指出，高中不同年级的学生在自控、外倾性、智能特征等维度上有显著差异。高二学生在自控与智能特征两个维度得分是三个年级中最高的。在自控维度中，坚持性与计划性特质具有明显的年级差异性，得分：高二＞高三＞高一，积极性与主动性则是高二＞高一＞高三。在外倾性维度中，三个特质得分：高二＞高一＞高三。在智能维度中，聪慧性特质得分差距显著，为高二＞高三＞高一。从王慧的研究中可以发现，在高中三个年级中，高二阶段学生人格发展较为健康，即高二学生比高一学生更加能够有计划地坚持学习，同时也更加乐观开朗、善于交际，思维能力与自我效能感也在提升，高三学生在这些方面较高于高一学生，但明显低于高二学生。由此可见，高三学生的心理状况是三个年级中较不稳定的，高三学生较其他两个年级更加冷漠、缺少同情心、存在更多的消极与逃避情绪。

## 二、高中生健全人格差异性培养

### 1. 教育实践中人格的年级差异性形成分析

将理论分析与教育实践相结合，会发现高中生人格的年级差异性与高中不同年级学习生活的不同有很大的关系。从教育实践的角度看，高一学生刚从初中升入高中，需要适应新的学习环境，建立新的人际关系，而高中课程的难度也比初中的大，所以在这个阶段，高一学生怀着青春的热情与朝气，在学习和人际交往上摸索前进且效果良好。高二学生在一个学年后已经能够很好地适应高中的学习和生活节奏，而且学生之间经过一年的陪伴也建立起更大、更密切的交际圈，高考也让他们满怀憧憬，想要为未来而拼搏，所以这个阶段的高中生拥有足够的动力去积极主动地学习。高三则是高中生活的最后一年，随着高考的日渐临近，高三学生需要背负巨大的升学压力，不断增加的学习任务让高三学生无暇再去交际，高考时间的不断迫近、难以提升的成绩、期望与现实的矛盾，让高三学生承受巨大的精神压力，在这种情况下，高三学生在认真自控等多个方面都较高二学生落后自然是可以理解的。

**2. 健全人格培养**

对高中生的人格发展进行不同年级的差异性研究，是为了能够培养高中生健全的人格，而在研究之后便要有相应的对策用以保证高中生的人格发展能够得到引导。通过研究与教学实践可以得出，要培养高中生健全的人格，就要优化教育环境，通过学校、家庭教育对学生人格进行引导。

家庭是学生的后盾，家长需要与教师密切沟通，发现学生人格中存在的缺点，在家庭中给予引导。如学生因学习成绩差而自怨自艾，家长便应主动开导学生，让学生明白，学习的目的不仅仅是提高成绩，还应培养百折不挠的学习精神，有了这种精神，学生便可以在他富有天赋的领域获得成功。

学校是学生学习的主要场所，也是学生人格发展的主要地点，为培养学生健全的人格，学校应当大力开展心理健康教育与咨询，让学生能够辨识自己是否存在某些心理问题，并鼓励学生进行心理咨询。同时，学校也应当积极

组织各种活动，将各种有计划的活动作为学生在学习之余的缓冲，舒缓学生的不良情绪，以达到预防心理问题出现的目的。

综上所述，高中生人格发展的年级性差异是确实存在且需要重视的，学校与家庭需要重视其中的差异性，并看透其背后的原因，才能正确地引导和培养学生健全的人格。

## 德育之撰写教育叙事

教育叙事，是讲有关教育的故事。它是教育主体叙述教育教学中的真实情境的过程，其实质是通过讲述教育故事、体悟教育真谛的一种研究方法。非为讲故事而讲故事，而是通过教育叙事展开对现象的思索、对问题的研究，是一个将客观的过程、真实的体验、主观的阐释有机融为一体的一种教育经验的发现和揭示的过程。

著名教育家朱永新在谈及教育时曾说："你的眼里没有色彩，你的生活就不会缤纷；你的心里没有阳光，你的教育就不会辉煌……享受教育，你就多了一份快乐的心情，你会把每一个挫折看成是考验，你会把每一种困难看成是磨炼……享受教育，你就多了一股创造的激情，你会把每一堂课精彩地演绎，你会把每一句话精心地锻造，你会把校园变成追求卓越的教育梦工场。享受教育，你就多了一种生活的诗意，你能从平凡中品味出伟大，从失败中咀嚼出辉煌……"

教育叙事，可以采取案例分析的方式进行，如案例背景——案例描述——案例反思，也可以采取自己直接陈述或他人陈述的方式进行。

许多事情，闭上眼睛，离开浮华，我们才能看得更为真切。

教育叙事作为一种草根研究方式，讲述的是我们自己

的教育故事,研究的是我们自己的教学行为。在"记录——反思——行动"的一系列研究中,我们通过叙事反思自己的工作,也发展自己的思想,这是一种多么适合我们一线教师的教育方式啊!它是我们梦想与信念生根开花的土壤。

## 家校矛盾有效解决的新思路

**【案例背景】**

在新的时代背景和教育要求下,学校在学生培养工作中充分体会到,成功的教育需要学校、家庭、社会"三位一体"的共同努力和通力合作。为此,学校一直贯彻"全人育人"的工作理念,在学生教育中不断探寻家校矛盾解决的新思路,构建和完善家校合作育人体系。出现家校矛盾如果不能很好地解决,就会严重干扰学校的管理和教学,甚至会影响学校的声誉。

**【案例描述】**

小智是一名小学四年级的学生,他的学习和行为习惯不太好,多动、不合群,经常影响其他同学,有时还对同学做恶作剧,而小智的家长对小智又特别溺爱。班级大多数同学都很排斥他,导致班级其他同学的家长也对小智颇有微词。从一年级起,班主任杨老师就在这个孩子身上花费了大量的精力,经常和家长进行沟通,找家长来到学校,帮助小智提高认识。由于在班级中没有伙伴,所以小智在四年级的时候产生了厌学的情绪,家长对班主任杨老师经常因为小智的小毛病找其沟通也渐生不满。

一次，因为班级的另一名男同学被其他同学推倒导致脸部受伤，同学指认是小智所为。班主任杨老师把小智叫到办公室调查此事，导致小智一节语文课没上。回家后小智将此事告知家长，并声称不是自己所为，老师冤枉了他。家长因此找到学校，查看监控录像，证实确实不是小智所为。至此，家长情绪彻底爆发，认为老师冤枉小智并剥夺了孩子上课的权利，要求学校和班主任给出说法，并借此将以往所有的不满都发泄了出来。要求班主任当众给孩子道歉；换班主任；以师德为借口要求将班主任停职。因为事情闹得动静比较大，在学校进行了解和沟通的过程中，班级的其他家长也集体发出声音：强烈要求学校把小智从班级中调离出去；坚决不允许换班主任。两方家长的矛盾汇集到学校，如何很好地解决这一问题成为学校的一个难题。

**【案例反思】**

这是一个典型的家校矛盾，解决不好将严重影响学校的教育教学秩序，但这个矛盾解决起来没有那么简单。经过这件事后，我一直在反思：

**反思之一：所涉问题反思**

小智的案例表面上反映的是什么问题？

小智的案例深层次上反映的是什么问题？

家长的做法哪些是对的，哪些是需要完善的？

学校方面的做法哪些是对的，哪些是需要完善的？

如何在教育学生过程中不断探寻家校矛盾解决的新思路？

如何构建和完善家校合作育人体系？

**反思之二：处理过程反思**

细细回想一下，学校在处理这个矛盾的过程中经历四个阶段：

第一阶段，事发当初，学校态度比较强硬，认为班主任杨老师很尽责，不存在师德问题，无法满足家长的要求，希望小智继续在这个班级学习。小智同学的家长对此解决意见坚决不接受，天天来找学校，还告到了教育局。

反思这个阶段，虽然学校认为老师不存在师德问题，但是在具体沟通上没有做到"交心"，而且很强势，这为矛盾的升级埋下了隐患。

第二阶段，对于小智家长的各种闹，学校尝试降温，不予理睬。结果，小智家长让小智在家停学一个多月，并继续上访，状告学校不能给学生安全感，导致学生厌学和辍学，要追究学校责任。

反思这一阶段，家长的不理智或者过激行为，直接影响了孩子的上学问题，致使学生厌学和辍学，也导致其对学校更加不满。

第三阶段，借势拖延，试图规避矛盾升级。因为此期间恰好赶上放寒假，班主任杨老师又恰是孕期，春节过后又是疫情，以为经过这些事家长会冷静下来，孰料，疫情过后学生复学，小智家长和其他家长突然全部找到学校，一方要求换班主任，另一方要求坚决不换班主任。小智家长甚至威胁，如果不换班主任，学校对小智的问题不给出说法，他个人会采取极端手段来处理这件事。

反思这一阶段，学校在处理时有一定的消极性，家长的行为依旧不理智，而且行为过激，甚至达到违法的程度，双方都存在一定的问题，所以事情一直没有得到很好的处理。

第四阶段，矛盾升级，放下身段，积极主动应对。其他家长知道了小智的态度后，群情激奋，要团结起来和小智家长死磕到底。事件发展已经超出了预想范围，必须妥善解决，才能使学校工作有序推进。为此，学校相关人员几次研究，找准矛盾关键点，寻找解决问题的路径。学校多次找小智家长进行谈话，我作为校长亲自代表老师和学校给家长和孩子道歉，放低姿态，平息家长情绪，答应小智可以在年级任选一个班级进行调班，并就孩子的教育问题推心置腹地和家长进行交流。经过深入地工作，终于取得了小智家长的信任，表示不再对此事进行追究。而经过此事，学校认为，班主任杨老师已经不适合再担任这个班的班主任，决定把从六年级下来的非常优秀的更有经验的老师调到这个班做班主任，并前后三次召开班级家委会会议，做其他家长的工作，把学校的困难和想法、学校进行调整的目的对家委会进行了汇报，取得了家委会和其他家长的支持。

新学年伊始，为了更好地化解家校之间的矛盾，帮助小智同学适应新的班集体生活，摆脱原有班级学生和家长对小智及小智家长的偏见，找到缓和家校之间、家长之间关系的契机，在原班级精心策划了一场由家长代表和小智及小智家长共同参与的班会。在班会上，原班主任杨老师就误会小智的几件小事进行澄清和道歉，并对班级其他同学提出正向的期许；家长代表对曾经的行为在全班同学面前表达歉意；同学们对小智送去祝福；新班主任表达对小

智同学的信任和期望。目前，小智同学已经融入新的班集体中，尽管仍有不良习惯，但每一天都有进步。小智的家长和学校重新回到轨道上，家校之间信任的桥梁重新搭建起来。

反思这一阶段，学校开始积极地面对矛盾，并开始极力寻找合适的办法解决矛盾，家长也开始配合，可以说，通过"交心"，最后重新建立起信任，最终得以解决问题。

**反思之三：解决路径反思**

虽然这只是个案，但却非常有代表性，不得不引起我们深刻的反思。

小智的案例，从表面上看，是学生和学生之间的矛盾，而从实际上看，是学生和家长之间的矛盾、家长和学校之间的矛盾、家长和家长之间的矛盾。在这个过程中，孩子的不良行为习惯与家庭有直接关系，家长在处理过程中的不理智和对孩子的过度包庇是事件升级的重要原因；学校对孩子的不信任、处理问题消极及缺乏思考也是事件升级的重要因素。

如何在教育中不断探寻解决家校矛盾的新思路？如何构建和完善家校合作育人体系？我认为：

一要认真理解并落实立德树人的根本任务，坚持实事求是原则，本着积极的心态，及时处理矛盾。

二要强化师德建设，很多家校矛盾都是由师德问题引起的。要经常组织全校教师学习《中小学教师职业道德规范》和《中小学教师行为十项准则》，加强师德师风建设；邀请法律专业人士进校园，解读中小学教师的行为与法律之间的关系，以此让广大教师知道自己该做什么，不该做什么，尤其要找到与家长沟通和解决与家长之间矛盾的有效策略。

三要在家校矛盾中，把保护年轻教师的积极性和正视家庭教育的复杂性很好地结合起来，积极寻找解决问题的契合点。

四是学校要在坚持原则和底线的基础上，敢于放下姿态，懂得换位思考，这有利于寻求好的办法解决问题，进而探索构建家校共育的实施途径及课程体系。

## 扑克牌里的小故事大道理

【案例描述】

今天是侯老师带领的高一（2）班服务周的第四天，由于不上课，学生们倍感轻松。其中有4个小伙伴利用中午的闲暇时间玩扑克牌。知道这件事后，侯老师并没有完全"生气"，而是在下午把同学们都聚在了一起，问了两个问题：

第一，关于扑克牌，谁能说出其中关于颜色和数字的意义？

第二，谈到扑克牌，我们首先应该想到哪位著名的科学家？

见同学们回答不出来，侯老师便告诉了他们：

扑克牌共54张，其中大小王两张分别代表太阳和月亮，其余52张正牌代表一年里的52个星期天。扑克牌有黑桃、红心、草花、方块四种图案，两种颜色，四种图案代表春

夏秋冬，两种颜色代表白天和夜晚。每种图案又分别有13张牌，代表每季里有13个星期天。每种图案所有的点加起来共91个点，表示每季为91天。四种图案的点加起来，再加上小王的一个点，总数正好是365天，这是阳历平年的一年的天数，如果再加上大王的一点，就是闰年的天数。

同时，一谈到扑克牌，我们就应该想到著名的化学家门捷列夫，因为就在这扑克牌中，他发明了化学元素周期表，为世人所用。

紧接着，侯老师告诉同学们，我们应该像古人和那些科学家一样，不断地钻研，不断地思考，抓紧时间学习，用我们自己的智慧去塑造一个完美而又充实的自我；同时，侯老师又告诉同学们，做事要考虑它与班级的整体利益问题，不要因小而失大。同学们听完之后，都很受教育。

【思考题】

你是否赞成侯老师对此事的处理方式？为什么？

如果你是该老师，你将如何处理"扑克牌"问题？

学校领导及教师在学生管理中应该发挥什么作用？

学校的学生管理制度应该在学生管理中起着怎样的作用？

请运用教育教学的相关理论，结合案例分析教师应该如何将学生管理制度应用到常规学生管理中。

【案例反思】

学生的日常管理工作是一项非常琐碎、细致而又十分重要的工作。它不是简单的、孤立的工作，而是与其他一切工作密不可分，且息息相关。社会的发展和人们观念的更新，给学校的学生日常管理工作带来许多新的问题和挑战。因此，要做好学生的日常管理工作必须要有大局观念，并以此统筹工作安排。

本案例我们要讨论的核心问题是，教师应该如何处理学生在校打扑克牌一事，教师应该如何对学生进行管理。不以规矩，不成方圆。宏观来说，学校依法制定严格的规章制度，这是做好学生日常管理的有力保障。让学生明确哪些事该做，哪些事不该做，在明辨是非的同时，不断提高自制能力。同时，这对增强学生的集体观念和集体荣誉感都有很大的帮助。对学生进行思想道德和行为规范教育——即养成教育，必须居于各种教育手段之首。一个集体，如果缺少高尚道德情操的熏陶和规章制度的约束，必将是一盘散沙。

要强调的是，规章制度的制定不在于如何去整治谁，而在于通过规章制度的制定、实施、学习，使其内化为学生们自觉遵守的行为准则。教师是学生管理制度的执行人，应该把握好学生管理工作的尺度和底线，更要思考如何更加科学、艺术地处理学生存在的问题，让学生认识到自己的问题，从而发自内心地改变自身的行为，而不是用条条框框的规定束缚学生。这就需要教师具有良好的人格魅力，这是做好学生管理工作的前提。学高为师，身正为范。教师的生命融入教育事业之中，生命和使命同行，人格才能放出耀眼的光辉。教师人格高尚、完美，对学生产生感染力和辐射力，才会收到良好的教育效果。教育学生是个过程，不管教师自觉不自觉，对学生都在起作用、产生影响。不是正面作用，就是负面作用，对学生的影响不可能是"零"。教师的一言一行影响学生成长、成人、成才，言教重要，

身教更重要。所以，教师应该塑造完美的人格，在德、才、识、能诸多方面均须自觉锤炼，不断提高，不断完善。教师须具有高度的事业心、使命感和责任感，热爱学生，与学生心心相印。

案例中，侯老师没有因为是服务日的午休时间而对学生玩扑克牌的行为放任不管，也没有用生硬的学生管理规定对学生进行处罚，而是通过关于扑克牌知识的提问让学生认识到自身行为的不足和知识上的欠缺。侯老师通过先进的教育思想、严谨的工作作风、灵活的工作方法、敏捷的思维以及广博的学识给学生上了一节德育课，并非说教，却起到了"润物细无声"的作用。但这种处理方式需要因人而异，并不适用于所有的学生。关于"扑克牌"一事，教师应该有明确的态度，如果学校有明确的管理制度，还是应该按照规定进行管理和惩罚，同时应该像案例中的侯老师那样做好学生的思想和心理工作，与学生进行有效的沟通，让学生真正认识到自己行为的问题，接受学校和老师的管理。总之，学生管理工作切忌急于求成，德育工作既要温柔如水，又要有穿石的力度和耐心。

## 我和学生的一次经历

一长串的震动声打破了我原有的宁静。

2019年4月24日晚上9点32分收到信息的我，才清醒地意识到自己要乘明早的飞机去外地学习。想想班级的这群"千里马"就要放手了，不禁打了个冷战，他们是否会像脱了缰绳的野马一样，我头脑中不断涌现出他们撒欢的场景，每一根汗毛都跟着紧张了起来。

　　回过神来立刻给科任老师和主管领导打了电话，安排好一切后，第二天仍旧带着惴惴不安的心情离开学校去外地学习。在学习的这几天里，每天都要和班级干部、科任老师和主管领导联系，手机每天至少要充两次电，生怕哪个孩子做出过格的事情给班级、学校惹麻烦。这是我第一次体会到，"放不下""一直在心里"是一种什么感觉。

　　当我从外地学习回来时，已是五一长假后了，本来以为可以立刻恢复到之前的状态，可是并没有。感觉孩子们变了，这个班集体变了，好像一切都变得陌生了。更让我感到忐忑的是，经历了5月9日的期中考试。

　　可能大家已经预料到了结果。是的，他们覆没了，把荣誉和光环都弄丢了。

　　年轻气盛又充满雄心壮志的我，哪能受得了这样的打击，通过忍不住的大哭来释放压力，在领导的关心和开导下我并没有被打垮。相反，我内心变得更丰盈，羽翼变得更丰满，情感变得更丰富。

　　看到接下来的我你可能会想笑。当我知道结果后就一直难受得不行，原本我认为可以控制好自己的情绪，可是刚刚走进班级看到他们一副不知愁是什么滋味的面容，我心里一酸，眼泪噼里啪啦地流了下来。本想在教室门外平静一下心情，可仍于事无补。刚喊了声"Stand up！"，声音便开始有些哽咽，就这样我面对屏幕站了整整一节课，用了整整两包纸巾，班级静得就连每一个人的呼吸声都可以听到，不知过去了多久，班级里一位女同学主动发起号召，

要向我道歉。第一次,全体同学以如此洪亮的声音喊着:"老师,我们错了,我们不该这么自大,这么马虎,给您丢脸啦,老师,对不起!下次我们一定努力!"声音响彻整个教室,一直在耳边萦绕。而且每个孩子或给我写了一封信,或写了一张纸条,表达他们的心声。甚至有好几位同学没有按时去食堂吃饭。回去才知道他们在给我写信,在给我叠"小心心"。

伤心欲绝才能绝地逢生,我并没有原地观望,而是主动出击。

首先,我在紧接着的这个周一晨会上,面对全体学生做了自我检讨,让学生感受到他们的老师其实很爱他们,但是由于脾气过急、管理过严、要求过多、期望过高,可能对他们教育的方式不适宜,以此拉近我和每个学生的心理距离。

其次,五月末即将迎来他们升入高中后的第一次运动会。为了能让大家齐心协力训练,不互相抱怨而损伤彼此的同学情,我在班会课上播放了《跑男之龙舟比赛》那一期的片段,又结合他们在上海社会实践中获得龙舟比赛第一名的场景,让每名学生都感受到体育的拼搏精神以及赛后每个队员带给彼此的感动。让我感动的是,其中一名学生分享说,老师,你放心,学习我们也会有拼搏精神,不会再让你那么伤心地哭啦。

我一直将领导讲过的这句话放在心里:"要让每个孩子喜欢你,能和他们玩到一块儿去,他们就会想你所想,依据你的想法去行事。"由于我性格所致,以前总是给学生明显的师生界限。我要突破我自己,于是,在毫无准备的情况下我穿着高跟鞋来到了体育场，脱下鞋光着脚在草坪上和大家一起玩。几位女同学看到我那被鞋勒得红红的脚趾，说："老师，你穿我的鞋吧，以后别穿高跟鞋啦，你已经很高了；我们给你买双更舒服的鞋子吧。"孩子的观察很细致，其实老师的快乐也真就不过如此——看到孩子们每天能开心成长，会为了自己的目标而努力。

在开家长会前夕，我特意让每个孩子偷偷用父母的手机录了段自己的小视频。视频的内容包括以下三个方面。

一是对自己成绩不理想做原因分析；

二是说一下自己接下来的目标和实施策略；

三是说一下自己一直以来埋藏在心里想对爸爸妈妈说的话。

每个人都认真地录了视频悄悄地发给我，直到凌晨，我终于将所有人的视频剪辑合并成一个，作为献给爸爸妈妈的礼物。家长会上，学生的父母认真地听着、记着，都努力成为最好的父母，把最好的爸爸妈妈呈现给自己的孩子。与此同时，为了迎接父亲节，我选择了筷子兄弟的《父亲》这首歌作为这两周的主题歌曲，练习了无数次，提前录制好。在家长会上送给每一位辛劳付出的父亲们，孩子们需要体会每一个节日的仪式感，也能通过歌词体会父亲的艰辛。一句"我是你的骄傲吗？还在为我而担心吗？你牵挂的孩子啊！长大啦！"唱哭了很多位爸爸。

通过这次经历，作为老师的我更能体会学生的感受，想学生之所想，也更愿意做学生之所做。我坚信我的 39 个孩子都能够快乐学习、快乐成长。

# 生本管理之下的家校沟通

"花有重开日，人无再少年。"家庭教育的目的是让孩子幸福一生，学校教育的目的是让全体学生成人成才，从本质上看，目标是一致的，但在内容方法、组织形式、运行程序上还是有区别的。我认为，最完备的教育模式是"学生——学校——家庭"教育，学校和家庭是教育者、帮促者，学校教育与家庭教育存在太多的联系，家校在学生教育问题上相互沟通、认同、愉快合作，受益最大的是学生。在北师大长春附属学校高中部生本管理的实践中，家校沟通更体现了教育的温暖无界和家校的和谐共进。

### 一、问题夹在表扬中——家校沟通的"三明治"

三明治是一种典型的西方食品，以两片面包夹蛋或肉、奶酪和各种调料制作而成，做法简便，广泛流行于西方各国。所谓"三明治心理沟通法"，是指沟通的内容分为三个层次：第一层面包代表的是认同赏识，肯定对方的优点或积极面；中间一层奶酪、煎蛋代表的是建议、批评或不同观点；第三层面包代表的是鼓励、希望、信任、支持和帮助。班主任和家长的单独沟通，是为了和家长建立良好、合作的关系，希望家长能够多多关心孩子的学习，共同促进孩子的成长。同时让家长感觉到，你是发自内心地关心孩子，真诚地帮助孩子。因此，与家长沟通首先是对学生的表现进行正面陈述和正向的肯定。例如，你的孩子最近上课专心多了（可能实际上，他只是在教室里安静读书）；

你的孩子能积极参加学校组织的活动（可能是你有意安排他参加了学校的某个活动）；你的孩子很乐意帮助别人，那天帮我搬作业本（哪怕那天是教师叫孩子去搬的）……家长听班主任这么一说，心里自然会高兴。其次，再提出孩子暂时存在的问题或教师的建议。例如，在学校里也和孩子谈过许多次了（用比较委婉的语言指出孩子的问题，并陈述教师对学生给予了哪些帮助，做了哪些努力）。对班主任来说，这是与家长沟通谈话的关键部分，就像三明治的中间层，奶酪、煎蛋代表的是班主任的建议，是需要家长配合的重点。最后，再次肯定孩子在学校表现积极的方面。每一个孩子虽然不可能十全十美，但是一定会有"一全一美"。如果真的没有，教师也可以提前创造一些让孩子表现的机会。同时，再次向家长表明，孩子的健康成长，需要家校共同合作，家长一定要支持班主任的工作，多多沟通联络。

这种"三明治心理沟通法"，把建议、问题夹在两个表扬中，不仅不会挫伤家长的自尊心和积极性，还会使家长愉快地接受教师的建议，正确地对待孩子身上存在的问题，并自觉地关注孩子的成长。

**二、按需匹配的"自助餐"——分门别类的云端家长会**

由于疫情期间的特殊性，学校不能统一召开家长会，而以腾讯会议或者钉钉会议的形式召开线上家长会的意义又很泛泛，无法解决学生存在的个性问题，所以我们把学生进行分类，针对各类学生的具体问题进行分析，找准症结，制定方案，号召家长配合学校帮助学生提高成绩。

前25%的学生学习习惯较好，有自己的学习方法，进入学习的"高原期"后，新的突破需要优化学习方法，也有的需要搞好学科发展平衡；中间多数学生则没有适合自己的学习方法，偏科现象严重；后25%的学生一般学习习惯不好，学习兴趣不浓。要有针对性地解决这些问题，需要分类召开家长会。分类家长会让家长介绍案例，提出感性的问题，然后班主任进行理性的分析，提出解决问题的策略、方法、步骤、要求、标准，请家长配合、督促，逐步改进。在分类家长会上，特别是中后类学生家长会上，班主任需要特别注意语言表达，不刺激家长，而是站在家长和学生的立场研究问题，提出解决措施，让家长感受到老师不是批评他们，而是在帮助他们。这就好比"自助餐"的配送，按需所取。

### 三、热气腾腾的"火锅"——积极和谐的班级微信群

在现代通信技术的作用下，通信方式也不断发生变化。班级微信群不仅仅是发个通知而已，这是一个及时与全体家长进行有效沟通的最好平台。班主任在群中积极营造和谐的交流氛围，把最新的教育理念、教育孩子的方法、家长如何配合等都适时地发到群里，有时也把学生在校活动拍下来，帮助家长充分了解学生在校情况，家长们都喜欢班主任这样做，也都在为班级默默付出着。Z的妈妈为班级同学打印姓名牌，P的爸爸为班级贡献风扇，L的妈妈给学生带来防飞沫面罩……班主任对学生的进步和成长进行积极表扬，充分肯定，家长们更愿意积极地配合学校和老师。微信群的氛围好比一锅热气腾腾的火锅，更象征着

一个班级的红红火火！

治大国如烹小鲜，管理班级好比做美食，虽然众口难调，但只要我们用心去做，总能发现不一样的味道！

## 教育中常见的小案例分析

**一、善待学生的"早恋"，以积极的心态、理智的思考，从心灵深处解决他们的思想问题**

关于早恋问题，我想这是所有做班主任工作的老师最挠头的事情，管也不是，不管也不是，总是处在两难的境地。

在高中校园里，早恋是一个比较普遍的现象。其实，它受多方面的影响，有家庭的，有社会的，也有学校的。对于早恋问题的处理，大多数老师都采取强压的态度，或在同学面前点名、通知家长，或查看日记、设计隔离，甚至盯梢跟踪、侮辱责骂，其结果往往适得其反，容易把交往过密的双方越推越近。其实，男女相恋本来就是一个涉及情感的复杂问题，而处于青春期的少男少女，在情感上是极为敏感和脆弱的，需要真诚的沟通以及和风细雨式的引导。过激的处理方式对孩子来说是一种暴行，不仅解决不了问题，而且易引发孩子更为严重的心理问题。

我们班有两名同学，他们都是班级干部，由于工作上的需要，常在一起，于是"日久生情"，谈起了恋爱。发现这件事之后，我便找他们谈话。谈话中，我首先指出了问题的性质，告诉他们，出现这种问题"可以理解，但不

可以原谅"，因为它不合时宜，"早恋中，一个'早'字足以说明问题"。紧接着，我从家庭、经济、学习等多个方面对他们进行开导。当前应当抓紧时间来学习，不要虚度年华，并且在班级中应该起到良好的带头作用。我不断地给他们做思想工作，终于使他们能够回到正常的学习和工作中，并赢得同学们的好评和老师的信赖。

总之，当代青少年的"早恋"问题，是一个不可忽视的问题，也是全社会共同关心的问题。目前，尽管学术界、教育界及家长对"早恋"的认识与态度各不相同，尽管存在着各种不利因素，但我们可以乐观地说，通过我们教育工作者的努力，青少年会在"大海"中学会"游泳"的。

## 二、多一份关心和温暖，让单亲家庭的学生安静地读书和学习

一般来说，单亲家庭的学生心理压力比较大，总感到缺少家庭的温暖，因此教师要在学习上给予他们更多的鼓励和帮助，在生活上给予更多的关心和照顾。

对于单亲家庭的子女，我觉得主要应该倾注于爱心，而不在于家长对孩子如何的"热情"。如有些家长离婚后总觉得对不起孩子，就想用经济上的满足来补偿孩子，结果孩子要什么给什么，逐渐地养成了爱花钱的习惯，越花胆子越大，一旦得不到满足就可能走上犯罪的道路，这是屡见不鲜的。

对于单亲家庭子女的教育，我的看法是，不论孩子归谁，父母都应该本着负责的态度，开明一些，不要因为父母之

间的事而影响孩子。

我班有位女同学，在很小的时候父母离异，她跟了母亲，父亲工作在南方。因此她在精神上总觉得有一些空白，得不到父母双方的"博爱"，于是我就与她母亲沟通，并教她如何去做。

从此以后，孩子可以每天和父亲打电话联系，每到寒假只要孩子想去看父亲，母亲从不阻挡，使孩子能如愿地去感受父爱，所以在孩子的心灵上没有因父母离异而给自己带来多大痛苦，无论填写什么表格，她都把父亲那一栏填得很详细，在平时的表现中与其他同学一样快乐，没有因此而影响她的学习。所以我觉得离异的父母应该多想一想自己的孩子，这样孩子也会感谢他们的。

### 三、要善于从小事中发现学生的闪光点

在人来人往的走廊里，担当区有几片纸落在地上，许多同学包括班级干部都熟视无睹，从上面踩过去，而班级的一名平常不太爱学习，总爱小打小闹的同学却将纸捡了起来，扔进纸篓里。这一幕，恰好被我看见，我心中为之一动。

周四七、八节的班会上，我把看到的这一幕描述了一遍，并趁热打铁，"大张旗鼓"地表扬了该同学关心班级、热爱集体的好品质，最后又号召其他同学向他学习。通过这件事，既鼓励了他，又教育了其他学生。

这件事过后我也淡忘了。可是，从其家长的口中，我才知道那次表扬的神奇作用：这件事对他是多么重要，使他由原来对集体漠不关心，到现在非常热爱这个集体，甚

至连国庆节放假都想尽快回到这个集体中来。我想,当老师要善于从小事中发现学生的闪光点,应该深信每一个学生身上都潜藏着不可低估的能量和动力。我不应该吝惜我的表扬,应及时给学生以肯定与鼓励,这一点对于老师来说也许并不觉得怎样,可是,这对于一个学生来说,该是多么重要啊!我应该善用鼓励激发每一个孩子心灵中奋进的火花,使尽量多的孩子在老师的肯定和信任中发挥个人的潜能,健康、快乐地学习和生活。

### 四、当国歌被唱起的时候

清楚地记得那是 2001 年的年末,学校检查各班的班容班貌,其中有一项就是要求唱国歌。虽然平时也唱,可总觉得不够正式,今天我亲自指挥着全班同学一遍又一遍地练。唱第一遍时,同学们还很认真,但唱得不太齐,总有个别同学拖音、跟不上节奏。我有些不高兴,批评了学生几句,又让他们接着练。可出乎我的意料,同学们唱得更索然无味,还不如刚才唱得好。

我十分着急。这时,我突然想起了在沈阳市五里河体育场那场关系中国队冲出亚洲、进军世界杯的足球比赛。当我们的队员把球送入对方球门的时候,数万球迷挥舞着国旗,唱起雄壮的国歌。

于是我便借题发挥:"同学们,还记得那片红色的海洋吗?那雄壮的歌声令多少华夏儿女振奋!现在我们就把这首国歌献给远方的国脚们,为他们壮行,并祝福他们在世界杯比赛中有更突出的表现……"话音刚落,教室里鸦雀无声,同学们表情严肃,默默地注视着我,大概同学们没有想到老师会说出这样的话，我注意到，同学们的眼睛湿润了，全班同学都被这种情绪感染了。于是"起来！不愿做奴隶的人们……"这震撼人心的歌声在校园里回荡着……

事情虽然过去很久了，可我的心却难以平静下来，我想：一个班主任能结合实际，抓住契机，营造氛围，思想教育才会深入人心……

### 五、善意的批评将会营造一个良好的氛围

今天是星期一，学校团委总结了上周纪律卫生情况，我们班没有得到流动红旗，这是我做班主任以来第一次总结关于流动红旗的评选活动。

为了引起学生足够的重视，我决定采取一点儿"非常"手段。经过思考之后，我决定发发脾气，于是我绷紧了脸，装出很严肃且特别生气的样子，开始了长篇大论。首先，我讲了一个优秀的班集体应该具备哪些条件，我们班在哪些方面还存在着问题，应该怎样做。然后，我分析了这次没有得到流动红旗的原因，提出了希望，并且口气比较坚决地说："以后我们必须周周得红旗，决不能再让红旗与我们擦肩而过。"事后我又找负责纪律、卫生的干部进行了谈话。

这件事后，通过了解学生得知，他们看到老师生气，知道老师很重视，也懂得了怎样做才能使班级成为一个优秀的班集体。作为集体中的一员，每个人都要为集体争光，不能做有损班级荣誉的事。这说明，偶尔发一次脾气还是可以的。

总之，在进行素质教育的过程中，有很多需要我们去

琢磨和思考的事情，在处理问题的过程中，更需要我们老师有爱心、有责任感、有渊博的知识、有睿智的头脑。也许这样，我们的教育才是成功的教育，我们的未来才是美好的未来。

# 德育之班主任创新路
## ——新时期班主任管理工作的创新思路

班主任是教师群体中很特殊、很重要的组成部分。说其特殊，是因为他是班级建设的直接管理者、组织者，也是思想领域建设的直接引领者、规范者；说其重要，是因为班主任是学校德育工作的重要承担者，是完成教学管理任务的核心。新时期，国家的人口结构正在悄然发生变化，学生的教育呈现出新的特点，学校教育，尤其是班主任工作，不仅关系到学生个人的成长，也关系到家庭文明的建设，更关系到民族未来的发展。因此，探索班主任管理工作的新思路，成为新时期的时代课题。怎样以一个新的视角和思路，去审视班主任的工作，更是教育工作者不断探索的时代命题。

**一、班主任角色地位的重要性**

在我国的教育系统中，班主任群体是一个很特殊、很重要的组成部分。首先，从实践和角色定位上看，虽然我们国家广泛提倡全员育人，每位教师都是育人者，但从实际的工作状态和工作效果看，班主任肩负着主要的德育重任，同时又是完成教学管理任务的核心；其次，从国家政策和法规上看，教育部印发的《中小学班主任工作规定》中明确指出，要加强中小学班主任工作，发挥班主任在中小学教育中的重要作用，保障班主任的合法权益，全面推进素质教育；再次，从教师职业生涯角度看，班主任既是一名普通的教师，又不是一名普通的教师，之所以这样说，是因为只有做过班主任工作，才更显职业的完整性；最后，从教师的幸福指数上看，就班主任与科任教师的对比而言，毕业的学生对班主任的怀念远胜于对科任教师的怀念。

**二、我国班主任的现状**

据《中国教育统计年鉴》2018年公布的统计数字显示，我国中学、小学共计有3,851,838个班级，对于很多小学而言，每个班级又都基本配备两名班主任，一名正班主任，一名副班主任，这样计算下来，我国现有班主任总数已超过400万。这个数字是很惊人的，可谓数量巨大。但从班主任所发挥的实际作用上看，并没有想象得那么理想，仍然存在着很大的问题。比如班主任育人意识和主动性有待于进一步提高；班主任的理论素养缺乏系统性和专业性，理论层面转化成实践层面又有很大程度的弱化。

新时期，中国各个方面都发生了变化，从人口结构上看，由原来的多生，到后来的"一对夫妻一个孩"，再到"二孩"政策，使得家庭教育和学校教育也相应地发生着变化，班主任必须能及时了解和发现学生心理和个性的变化，才

能真正地因材施教。加之信息技术的飞速发展，知识的获得已不再是以教师的传授为唯一的途径，教师在知识领域的权威受到了前所未有的挑战，所以，怎样进行施教，体现教育的本质，教师尤其是班主任都面临着考验。

**三、新时期班主任工作的创新思路**

作为一名从事班主任工作近19年的教师，我也经历了由不知到知、由知之不多到知之较多的过程。当然，作为一名善于思考和总结的班主任教师，我也积累了一定的经验。下面，我以"脑""嘴""手""眼""耳""脚"六个身体器官来进行比喻，谈一下新时期班主任管理工作的思路，希望能给班主任提供一定的思路。

**1. 多思考——脑**

**（1）班主任要有研究意识**

研究意识是每一位教师都要拥有的一种意识，这既是学科教学的需要，也是专业发展的需要。尤其是对班主任教师而言，面临的问题比科任教师要多很多，这就需要我们理性、冷静地对待每一件事，对于一些不容易解决的问题更要谨慎，要对问题进行全面的分析，并会对问题的趋势进行预判。问题意识是研究意识的前提，所以班主任教师要善于积累和思考，对于学生和家长提出的问题，要进行研究，然后加以解答。很多家长对于自己孩子的成绩很关心，甚至是成绩已经很好了，仍不满足，我就把它作为"家长的唯一论和学生的唯一论"问题进行研究。类似的问题很多,如"如何解释学生的忧虑心理和积极心态""如何看待学生心灵的沙化和防护林的营建""如何运用经典的传统文化,并擅于解读传统文化的经典"等等,久而久之,自己就会随时发现问题、留心问题,也会积极寻找解决问题的办法。

**(2)班主任要有规划意识**

美好的蓝图需要规划,学生的发展也需要规划。这既需要家长帮助规划,也需要教师以其专业素养帮助学生规划,尤其是高中班主任,要通过一两年对学生的观察和了解,对学生进行人生规划;要有生涯规划意识,并要在班级管理中渗透生涯规划教育的策略,这既能对学生合理目标的树立打好基础,又能帮助学生为实现自己的目标而坚定刻苦学习的决心。

**2. 会沟通——嘴**

沟通是人际交往中很重要的环节,学生和班主任在成长过程中,都需要有良好的沟通能力,但有文章指出,我国班主任在与家长及学生的沟通中,有九成班主任认为沟通有困难。所以沟通不畅仍是很现实的问题。

看看如下两个案例的沟通方式合适吗?

案例一:

小东在上学的路上救了一位落水的同学,到学校后不但被表扬,还被评为见义勇为的小英雄。下午放学前老师给家长打电话:

老师:喂,您好!请问是小东的家长吗?

家长:是啊。

老师：我是他的班主任刘老师，今天早上你家孩子在上学的路上，路过了一条河……

家长：然后呢？

老师：河水非常急，这个时候他的一位小伙伴不小心掉到河里了……

家长：我家东东怎样了？！

老师：他非常勇敢，跳进河里去救小伙伴……最后他顺利把小伙伴救上了岸，被学校评为见义勇为小英雄，所以我特意打电话来恭喜您！

案例二：德育处张老师来向李副校长报告

李校，初一年级组的班主任去市里听课了，不能参加班主任工作研讨会，初二年级的班主任有三位又被抽去参加教工篮球队训练，这次的研讨活动能不能改在明天下午开？初三的年级组长林老师重感冒，而且我们事先定好的会议室今天也被教导处占用了，我建议把班主任研讨会改在明天下午五点，行吗？

看到这两个案例，作为班主任是不是应该好好地研究一下沟通的技巧。"沟通金字塔"对于我们学会沟通有很大的帮助。

沟通金字塔

为了更好地解释这个沟通金字塔，我给大家举个例子。比如班级的学生小明最近成绩不太好，良好的沟通应该是从"塔基"向"塔尖"方向进行，如"小明，最近成绩有点不太理想，是不是你家搬家了，不太适应环境啊？"如果不是，再向上，"是不是最近你有点贪玩了？"如果不是，再向上，以此类推，"是不是怀疑自己的学习能力了？""是不是自己的目标动摇了？""你怀疑你自己了吗？""你受家庭的什么状况影响了吗？"；而如果小明最近成绩很好，良好的沟通应该是从"塔尖"向"塔基"方向进行，"是不是你们家族都会这么学习啊！""这回更加坚定你的理想信念了吧！""你有很强的学习能力啊！""你最近各个方面的表现都非常好！""你也非常喜欢你的周边环境吧！"各位老师仔细分析和体会一下它们的不同，会对自己的沟通能力有一定的帮助。

**3. 勤动手——手**

每学期期末的家长会上，我都会对一学期以来学生的表现进行评价，给予激励。学生自己要自评，小组要互评，我也要给每一位学生写操行评语。家长们在家长会上，一一去浏览这些文字，都是满满的感动，家长们也会在"家长意见栏"写上他们的意见和建议。家长会没有那么多华丽的语言，却每次都那么丰实。下面举一个我写过的操行评语的例子（本书在后面将会对班主任写操行评语做具体说明，在这里仅举一例），供大家参考。

**操行评语**

每次看到你就像看到了阳光，健康、乐观、向上，这正是你自信的表现。在你的世界里，还学会了自己处理自

己身边的事，这一点老师更是欣赏。作为班级文艺委员，你时刻想着为班级做些什么，曾经因为没有在运动场上表演而伤感，也曾因为有了表演却没有获得大奖而沮丧，这是热爱班级的表现，很让我感动。对于你的成绩，因为已经找到了对的路，才会日益提升且稳定，这是你对你自己终身负责的表现，语文和地理需要再加强些，你的成绩会有更大的提高，继续加油吧！

多年来，一本本的操行评语，成为我现在经常浏览的"书目"，也成为我教师职业生涯的宝贵财富。

### 4. 善观察——眼

做班主任，要善于用眼观察，观察普遍、观察特殊、观察细节。

看间操能看出什么？看课桌能看出什么？看情绪能看出什么？观察学生的心理、品质等都是我做班主任时一直留意的事情，在这里举一例说明。班级有一个男同学，高二的时候转到我们班级，挺聪明，但成绩一直不稳定，而且很多老师反映他的成绩还不真实，以至于他的家长都怀疑他的成绩。期末考试他的成绩很不错，许多老师私下跟我说"有水分"，家长也不相信"这么好的成绩"，但我跟家长说，咱们不要直接揭穿这件事情，而且如果这次成绩能够让他找到自信，找回自我，也不失为是一件好事。后来，家长把我的话转给了孩子，自此，这个孩子对我有了由衷的尊敬，开始努力学习，成为我们班高考分数最高的学生，如愿地去了他心仪的中国政法大学。

### 5. 懂倾听——耳

教师要有专业化的知识和素养，这就要多学习知识，除了看，我们通过用耳听，也能获得新知。多听一听新闻，了解一下国家、国际大事；多听一听百家讲坛、科普知识；多听一听别人的意见或建议，都是很重要的。

### 6. 重实践——脚

"纸上得来终觉浅，绝知此事要躬行。"实践是认识的基础，是认识的来源，是发展的动力，是检验认识真理性的唯一标准，是认识的目的，所以班主任老师要注重实践，一切从实际出发。班主任争取和学生们一起做眼操和广播操；班主任要勤下班级，多了解情况；多给学生做心理的疏导和学习的指导；要多跟家长取得联系，及时了解学生的动态。这样才能掌握第一手材料，及时发现孩子的优点和不足，帮助孩子尽快成长。

总之，班主任的工作是一门技术，也是一门艺术。班主任需要不断地去研究和琢磨，如此才能培养出素质全面、特色鲜明的现代中小学生。

# 德育之教师操行评语

操行评语是对学生一学期来的思想品德、学习、劳动、体育锻炼等方面的表现进行小结和评价的文字。科学的操行评语既是宝贵的德育资料，也是联系家庭教育和学校教育的有效载体。班主任在撰写操行评语的过程中应以认真谨慎、实事求是的态度，兼顾以下四个原则。

### 一、超前性原则

超前性原则是指班主任要未雨绸缪，深入了解和研究每一位学生，善于积累学生的第一手资料。俗语说："巧妇难为无米之炊。"班主任如果不能全面了解自己的学生，绝对写不出独特鲜明的操行评语。因而作为一名好的班主任，必须先做一个有心人。班主任可通过平时的"班级日志"等原始记录，初步定位对每一位学生的印象，然后结合学生平时的"每周小结""每月总结"，依据班委每周对学生的"德育量化考核"等记录材料，将对每一位学生的印象细化，最后通过期末学生的自评、小组的互评等参考材料，深化对每一位学生的印象。这样，才能把每一位学生鲜活的特点装入脑中，从而客观真实地再现学生的表现。

### 二、鼓励性原则

班主任写操行评语时，应以赞赏表扬、鼓励鞭策的语言对学生的优点充分肯定。对学生的不足之处，也不必一针见血地指出，可以用委婉间接的鼓励性语言对其提出合理的要求。班主任的鼓励是学生进步的动力，它能促进学生不断反省自我、完善自我、超越自我。

### 三、个性化原则

"每一个学生都是一个世界——一个完全特殊的、独一无二的世界。"每个学生都有各自独特的气质、性格、能力等个性特征。班主任在写操行评语时，毫无疑问要顾及学生的个性特征。男生与女生、班干部与普通同学，甚至他们的生肖属相、身体状况等都是班主任写操行评语时要考虑的内容。要善于通过寥寥数语刻画学生的个性形象。

### 四、创造性原则

创造性原则要求班主任在思想上意识到操行评语是一项重要的育人工作，而不是"例行公事"的形式事务。因此在撰写时切忌使用套话、空话，要打破传统的"八股文"模式。有感于此，我在平时就注意摘录名人警句、格言谚语。撰写操行评语还要有真情实感。班主任创造性的语言，短小又有力，言简又生动，理所当然地成为学生和家长喜闻乐见的形式。

多年来，我一直坚持每学期期末给学生写操行评语，在行文中，从来不用"该生""该同学"的字样，也从不出现"……缺点是……"，每一个操行评语都是班主任在真心实意地表达对学生的情感。

如果说教育是一门艺术，那么班主任撰写操行评语不失为一种艺术的表现。当你顾及了以上四个原则，相信你的笔下一定能创造出一个个"奇迹"。下面列举我撰写的十个操行评语，供大家参考。

## 班主任操行评语摘录

**操行评语一**

你一直是老师的得力助手。作为班级干部，你认真地完成自己的份内工作，并起到积极的带头作用，且完成得很出色。你有韧劲儿，为人谦和，所以你有很好的群众基础。学习方面，学习态度端正，学习成绩优异，这次又取得了突破性的进步——年级第 11 名，老师希望你稳定在年级前 15 名，继续加油！同时希望你能更加注重学习过程中的细节，知识点还欠缺反复性的记忆，别只停留在完成作业上，真正的成功要超越常规，老师对你一直有信心，再逼自己一把，你会发现，你的能量超乎你的想象！

**操行评语二**

你是一个可以而且一定能够全面发展的人，不论是作为班级团支部书记，还是年级学生会副主席，都能认真完成学校、班级交给你的任务，年级的检查、班会的组织都让人放心。聪明，有思想，有自己的见解，而且有很强的包容心，这都是难能可贵的品质。学习方面，学习态度认真，成绩特优异，从目前状态上看，能稳定在年级的前 10

名，但老师一直认为，你是一个极具潜力的学生，虽然现在遇到了学习的瓶颈期，但希望你能积极调整，厚积薄发，建议你经常找老师聊聊，或许会有所突破。还记得老师跟你说过的话吗？"沉住气，铆足劲儿，北大在等着你！"努力吧！

**操行评语三**

你聪明、安静，目标明确，理想远大，学习态度认真，有非常好的学习天赋，成绩很好。作为科代表，知道自己的责任，不断地刻苦努力，取得了良好的效果。有过班级排名第一、年级排名第二的辉煌，就不要有退缩的心理，因为它说明你有这种潜质。这次又取得了非常好的成绩——年级前10名，我认为你是会学习的学生，所以学习得很轻松，接下来的时光，在学习上再投入一些，勤学苦背。成功，需要坚定的信心和坚强的毅力，加油吧！

**操行评语四**

我一直欣赏"德才兼备""德行天下"这些词语，因为它们始终把"德"放在了第一位。很庆幸，你就是一个品德和品行都拥有的人，所以老师从不怀疑你的为人，恰恰也因为此，所以你有很好的群众基础，即便你是后加入咱们班级的，可你却满腔热忱地热爱着班级，有强烈的集体荣誉感，为人热情，继续保持下去吧！对于你的成绩，综合分析：稳定且在逐步上升，所以真是值得表扬，尤其近阶段以来能认真地完成各科作业，进步较大。老师发现你很有篮球天赋，可以尝试一下走篮球特招这条路，回去

和父母商量一下,也给自己多准备一条适合自己发展的路。加油吧!

**操行评语五**

从组建班级时起,你的勇为人先、为人热情、热爱班级、关心集体就给我留下了深刻的印象。忘不了你对运动会的积极组织、忘不了你对班级活动的积极参与,这些可贵的品质将成为你将来成功必不可少的因素。学习方面,学习态度端正,学习目的明确,善于问问题,学习成绩良好,但不够稳定,老师觉得你合适的位置是班级30名左右,所以内心再宁静一些,这是成功最主要的前提,然后再多多探讨学习方法,你会发现,你的进步将会更大,加油吧!

**操行评语六**

高中已过半,你也越来越成熟了,还是那样的沉稳、有内涵,内心宁静。所以,给我的印象直至今日都非常好,这些品质对于高中生的学习、考试,以至于今后的工作,都是非常有利的因素。工作认真负责,从不厌倦和怠慢,对老师交给的任务认真负责且总能出色地完成。学习态度越来越端正,上课能认真听讲,学习成绩优异而且稳定,希望接下来的一年半学习生涯中能多与各科老师进行沟通,这样会发现许多问题。制订一个适合自己的学习计划,掌握一种适合自己的学习方法,有利于你的成长和发展!

**操行评语七**

在所有我教过的本校教师子女中，你是最优秀的。在所有老师的眼中，你是一个勤奋且乐观向上的孩子，所以老师们都很喜欢你。你为人正直、诚恳，也深得同学们尊重，作为学生会成员，作为班级的体委，你都能很好地去协调工作，且完成得十分出色。学习方面，你有自己的学习方法，也很聪明，知道怎么去学习，很值得欣赏；至于成绩，老师觉得如果能保持在年级40名左右，是你最合适的位置，这次你就达到了，很好。今后更要调整状态，学会系统地、有规律地去学习，这样会达到事半功倍的效果，加油吧！

**操行评语八**

你的为人和你的成绩都是值得我称赞的地方，也是值得你骄傲和自豪的地方。为人谦恭、随和，使得你有了一大批好友，你们彼此团结、尊重、友好，这将成为若干年后不可多得的回忆。你的成绩逐步上升且日益趋稳，不过相比之下，你的语文、数学和地理一直不是很稳定，所以接下来的一段时间你可以多在这三科上下功夫。而且要多向老师请教问题，这样效果可能会更好些！继续加油吧！期待着你更大的成功！

**操行评语九**

乐观、向上，你是同学的开心果；热情、开朗，你是班级的积极维护者，从入高中到现在，你已逐渐成熟，越来越稳重。作为语文科代表，你尽职尽责，给老师帮忙，为同学服务，从不拈轻怕重，而且你也有很深厚的文学功底，

并凭借你的智慧和努力取得了全国"语文报杯"作文大赛二等奖,真是可喜可贺!这是你取得成功的一小块敲门砖,希望你好好珍惜,不断努力,让它成为你高考能用得上的垫脚石。你的这次考试成绩比前几次有比较大的提升,值得祝贺,成绩中数学和地理还是弱项,希望在假期克服困难,加强这两科的学习,在新学期能有新面貌,加油吧!别忘记老师对你的期待!

**操行评语十**

敢于负责、勇于担当是作为班级干部最大的优点,你具备了;勤于钻研、善于思考是成功者必备的两大要素,你拥有了;感谢你自班级组建以来,为班级做的重大贡献,相信也一定锻炼了你吧。你有了一大批支持你的同学,也取得了各位老师的信任和赞许。于是你也有了信心,学习成绩稳步提高,老师认为如果能保持在年级前15名就可以,这次稍有下滑,但不必焦虑,不要压力太大,一步一个脚印地走,回过头来,你会发现,每一步都充满着力量,继续加油吧!你没有薄弱的学科,因为你的数学潜能还没有被完全激发出来,等到被激发出来之后,你会为你曾经的努力而感动!

# 第三辑
# 立足课堂教学　讲好学科故事

　　课堂教学是学校教育的核心，教学质量的高低是学校发展的重要指标，也是家长选择学校的主要标准。

　　高中新课程实施最核心和最根本的是课堂教学，课堂教学实现"德育为先、能力为重、全面发展"的总体目标，最关键和最重要的是变革教学理论和创新教学方式。

　　在中小学各学段的所有课程中，思想政治课都是重要组成部分，具有特殊地位，它承担着"为谁培养人""培养什么样的人""怎样培养人"的历史重任。思想政治课教学改革一直是教育教学改革的重要组成部分，尤其是自习近平总书记2019年3月18日在学校思想政治理论课教师座谈会发表讲话以来，"思政课一体化"一时间成为热词，广大思政课教师也迎来了课程改革和课堂改革的新生。我也在落实思政课一体化课程构建的过程中做了一些尝试，并在如何落实政治学科核心素养方面颇有心得。如何发挥思想政治学科的育人功能，并使其在课堂教学实践中真正落地，一直是"思政人"的光荣梦想和神圣职责。

# 政治学科核心素养篇

𦁏（素），在《说文解字》中是这样说的："白致缯也。"通俗点讲，就是白绢，一种白色的、本色的、下垂感很强的绢。如：

纯以素。——《礼记·杂记》

素服，以送终也。——《礼记·郊特牲》

在古代汉语和现代汉语中，"素"都有很多种意思，其中有一种解释是：本来的，质朴、不加修饰的。

𡮍（养），在《说文解字》中解释为："供养也。"如：

凡饮，养阳气也，凡食，养阴气也。——《礼记·郊特牲》

父能生之，不能养之。——《荀子·礼论》

在其后续变化的意思中，有"教育，训练"之意。

看来"素"和"养"都有自己特定的含义和时代意义，而把"素"和"养"放在一起，自然便具有新的内涵了。在汉典网中，"素养"有两种解释：一是由训练和实践而获得的技巧或能力；二是指平素的修养。而《国语辞典》中则认为："素养"就是平日的修养。如：

越有所素养者，使人示之以利，必持众来。——《后汉书·卷七四下·刘表传》。

看来，依《国语辞典》的解释，"素养"就是指修养。

可以说，素养已成为21世纪学习者应有的一个重要品质。由于职业分工不同，且越来越精细化，所以素养的内涵也日渐多元和丰富。但我们把各行各业不同情况的素养进行抽象概括后，仍能发现，在不同职业中素养也有其共性，我们便把它称之为职业素养。

职业素养是指职业内在的规范和要求，是在职业过程中表现出来的综合品质，包含职业道德、职业技能、职业行为、职业作风和职业意识等方面。

职业素养是个很大的概念，但列在第一位的始终是专业。当然，除了专业以外，敬业和道德也是必备的，体现到职场上的我们把它称为职业素养，体现在生活中的我们把它称之为个人素质或者道德修养。

专家们普遍认为，职业素养至少包含两个重要因素：敬业精神及合作的态度。敬业精神就是在工作中要将自己作为职业单位的一部分，不管做什么工作一定要做到最好，发挥出实力，对于一些细小的错误一定要及时更正。敬业不仅仅是吃苦耐劳，更重要的是"用心"去做好职业单位分配的每一项工作。态度是职业素养的核心，好的态度比如负责的、积极的、自信的、乐于助人的，等等，是事业成败的关键因素。

职业素养是人类在社会活动中需要遵守的行为规范。个体行为的总和构成了自身的职业素养，职业素养是内涵，个体行为是外在表象。所以，职业素养是一个人职业生涯成败的重要因素。

作为众多职业中的一个重要职业——教育，也有其重要的职业规则和职业标准，而从事这门职业的主体——教师，也自然要遵守职业道德并拥有良好的职业素养。

随着经济全球化与信息技术化的深入发展，全球教育界掀起了"核心素养"的研究热潮，一些国家和国际组织纷纷出台了关于"核心素养"的培养体系。国家不仅规定了教师应该有的职业素养，也对学生提出了其应该具备的学科核心素养。学科核心素养，是学科育人价值的集中体现，是学生通过学科学习而逐步形成的正确的价值观念、必备品格和关键能力。突出强调个人修养、社会关爱、家国情怀，更加注重自主发展、合作参与和创新实践。

为了与国际接轨，2014年4月，教育部印发了《关于全面深化课程改革 落实立德树人根本任务的意见》，2016年9月召开的中国学生发展核心素养研究成果发布会明确阐述了《中国学生发展核心素养》总体框架。其中，高中思想政治课作为高中生思想政治教育的主渠道，从本学科核心素养出发，担负起培养社会主义建设者和接班人的重任，并合理地运用与学科特质相匹配的基本内容对学生进行教育和培养。

《普通高中思想政治课程标准（2017年版）》明确指出：高中思想政治以立德树人为根本任务，以培育社会主义核心价值观为根本目的，是帮助学生确立正确的政治方向、提高思想政治学科核心素养、增强社会理解和参与能力的综合性、活动型学科课程。

在这里，明确高中思想政治学科核心素养的含义与构成是思想政治学科核心素养培养的关键。为了准确把握其含义，必须首先厘清高中思想政治学科核心素养与总体核心素养的关系。一般来说，二者是个性与共性的关系，总体核心素养蕴含着各个学科核心素养的共性，是各学科核心素养的凝练与升华，服务于立德树人的根本任务。高中思想政治学科核心素养具有学科特点，是总体核心素养在高中思想政治学科中的具体体现，除了要服务于立德树人的根本任务，还要从总体核心素养出发并服务于总体核心素养。

基于上述认识，可以给高中思想政治学科核心素养做出界定：所谓高中思想政治学科核心素养，是指学生通过学习马克思主义基本原理、中国特色社会主义理论体系等政治知识，而逐渐形成的能够适应信息化时代下的复杂情境的基本素养以及综合运用思想政治知识处理危机、分析矛盾、应对挑战、解决问题的技巧和能力。

高中思想政治学科作为一门进行马克思主义理论教育的学科，覆盖哲学、政治学、经济学、逻辑学、法学等主要哲学社会科学，是一门综合性、应用性极强的学科，这决定了思想政治学科所具有的独特的培养核心素养的内容优势和功能优势。为充分发挥思想政治学科的育人功能，必须从其学科核心素养的构成出发，进一步加以分析阐释。

## 政治认同——有理想，有信念

"认同"一词起源于拉丁文 idem，即相同的意思。认同原为精神分析学上的一个名词，是指儿童成长过程中为了获得成人的赞赏与认可，而以父母特征自居的现象，而后广泛应用于心理学领域。最先使用"认同"这个概念的是心理学家弗洛伊德，之后哲学、社会学、政治学也在各

自领域把认同作为研究重点。认同用在教育上，其含义不同于精神分析学中的释义，而是指个体对新的思想、知识、观点或他人的思想等由不了解、不认可到接受、认可。"认同"在核心维度上包含政治认同、国家认同、价值认同与文化认同四个方面。

## 一、认同

"认同"首先应是一种政治认同，这是思想政治教育领域的"认同"区别于其他学科"认同"的首要特质。

## 二、政治认同

关于政治认同，不同学者有不同的理解。

在复旦大学教授董雅华看来，"政治认同在本质上是社会大众对政治体系的信任、信念和信仰。这其中既包含有人们对政治体系的认知、情感和判断，也包含有人们对政治体系基本价值的信念和信仰"。在她看来，"政治认同的合法性体现在两个方面：一是社会大众对政治体系基本价值的信念和信仰；二是社会大众对政治体系的忠诚与支持"。而当代中国的政治认同既包含民众对马克思主义和社会主义的认同，又包含民众对中国共产党的领导及国家大政方针的认同。

在上海对外经贸大学副教授方旭光看来，"政治认同是社会成员对现存政治系统、政治运作的同向性（或一致性、肯定性）的情感、态度和相应的政治行为。政治认同属于一定的主体所进行的政治活动的范畴，它既是主体对一定的政治对象认知趋同的过程，又是对一定政治对象进行政治行为支持的过程"。

依照华南农业大学副教授李若衡的看法,"政治认同主要表现为认同人们对所属国家及国家政体、政府的归属感、肯定感,与人们的心理活动和社会的政治空气有密切的关系。其中,包括政府认同(政治效能认同)、意识形态认同、执政党认同和政治制度认同"。此种认同,多是个体或团体基于自身的利益偏好、理想愿景所进行的主动或被动的选择,是认同主体政治意识的形成及变化过程。

思想政治教育实践的一个重要目的,就是要获得民众对当前政治主体及政治运行系统的认可与赞成,是要赢得民众对当前政治的认同。民众认同与否、认同的深度及广度如何,都在心理层次影响到政治的稳定、繁荣,并进一步影响到一个国家的和平、稳定与安宁。政治的稳定、繁荣及昌盛与否是一个国家文明进步的重要标志,也是维系百姓安定、康宁、幸福的前提。政治的和谐、有序、人本化同时亦是社会文明得以维系的保证。而思想政治教育所要获取的"认同"首先是一种政治认同,是对一种政治制度、政治体制、政治治理等方面的先进性、合理性、合群众利益性、合民意性、合时代性的认同;是通过对政治制度及政治运行的先进性、合理性、合国家利益、合民众利益的宣传,获得民众的认同,继而团结人心,凝聚力量,实现稳定与发展。特别需要说明的是,一个时代的政治治理与政治统治,只有在获得民众普遍的"政治认同"之后,才能从根源上实现国家稳定、民族发展与社会进步。政治认同不仅对执政党具有关键价值,对民族、国家、社会亦有着非凡的意义。因此,"政治"理所当然地成为思想政

治教育"认同"的首要目标及最终旨归所在。

较先提出政治认同这一概念的是美国政治学家威尔特·A·罗森堡姆，他将政治认同阐释为一个人感觉他属于什么政治单位、地理区域和团体，并强烈要求自己效忠、尽义务或负责任于这一单位和团体。

国内的一些工具书对政治认同概念也有解释，如《资本主义大辞典》这样定义政治认同：人们在社会政治生活中产生的一种感情和意识上的归属感。《中国大百科全书·政治学》赞同这一观点，同时又进一步解释，人们在社会生活中总要在一定的社会联系中确定自己的身份，并自觉地以组织的规范来规范自己的行为，这就是一种政治认同。《政治学词典》对这一定义的范围做了限定，指出政治认同是在社会政治生活中形成的对国家、政党、政策等方面的归属感。

### 三、我国公民的政治认同

我国公民的政治认同是拥护中国共产党的领导，坚持和发展中国特色社会主义，认同中华人民共和国、中华民族、中华文化，弘扬和践行社会主义核心价值观。

中国特色社会主义是改革开放以来中国共产党的全部理论和实践的主题，是党和人民历尽千辛万苦、付出巨大代价取得的根本成就。社会主义核心价值观是当代中国精神的集中体现，凝结着全体人民共同的价值追求。认同中国特色社会主义和社会主义核心价值观，才能形成全国各族人民团结奋斗的共同思想基础，坚持中国道路、弘扬中国精神、凝聚中国力量，为实现中华民族伟大复兴的中国梦而奋斗。青少年的政治认同是他们创造幸福生活的精神支柱、价值追求和道德准则；发展政治认同素养，才能牢固树立中国特色社会主义理想信念，成为社会主义的合格建设者和可靠接班人。

对于学生而言，政治认同，指的是学生在当今社会生活、政治制度之下的自豪感与归属感，体现了学生坚定的道路自信、制度自信、理论自信和文化自信，与学生的政治立场与理想信念密不可分。政治认同在思想政治学科核心素养中占据着重要的地位，在社会政治生活中发挥着强有力的作用。一方面，政治认同深刻反映了思想政治学科的意识形态性，其中所囊括的对国家政治制度、法律、政党、社会道路等的认同既是思想政治学科所教授的主要内容，又为思想政治学科存在的必要性与重要性奠定了基础，是思想政治学科的学科特色与学科属性的重要体现；另一方面，政治认同体现了学生对马克思主义、中国特色社会主义道路的认同、对中国共产党及中国政府的自觉认同与拥护，这既是学生坚定的政治立场与家国情怀的外在表现，又可成为激励学生向上、向前的青春正能量。

新教材"经济与社会"依据习近平新时代中国特色社会主义经济思想的基本原理，讲述我国社会主义基本经济制度，解析社会主义市场经济的基本特征，阐释指导我国经济社会发展的新理念，帮助学生理解全面深化改革的意义以及认同我国的经济制度。"政治与法治"系统地讲述了我国的根本政治制度和基本政治制度，详细地介绍了公民、政府、中国共产党、人民代表大会、政协等主体，通过熟悉我国的政治体制，达到对党和国家的领导力量、政

治经济体制、机制的政治认同。

**四、政治认同的实践探索**

下面举两个例子说明政治认同这一核心素养在思想政治课堂上的落实和达成。

第一,"中国共产党执政是历史和人民的选择"的论断。

对于这一论断,很多教师在讲解过程中,都存在着一定的不自信,所以导致学生在接受时也不自信,甚至是有些不太情愿接受。我在讲这一命题时,从理论和现实两个方面进行剖析,效果还是很明显的。

我认为,任何一个社会历史发展形态,如奴隶社会、封建社会、资本主义社会等,主体都是由两个对立阶级和一个阶层所构成的,而到了每一个社会历史发展形态的末期,基本都会出现两个相对于现有社会历史发展形态进步的两个新兴阶级,这两个新兴的阶级逐步取代两个现存的旧的阶级,于是人类社会不断地向前发展、进步。比如说,奴隶社会主要由奴隶主阶级、奴隶阶级和平民阶层所构成。到了奴隶社会末期,在奴隶社会内部出现了封建地主阶级和农民阶级,地主阶级通过变法改革,带领广大人民推翻了奴隶主阶级。于是中国社会进入到一个崭新的社会——封建社会。封建社会主要由地主阶级、农民阶级以及平民阶层所构成。中国的封建社会在经历了很长时间后进入到明朝中后期,在江南的纺织工场里出现了早期的资本主义萌芽,有了早期的资产阶级和工人阶级。于是这一时期,中国便有了封建地主阶级、农民阶级、平民阶层,新兴资产阶级和工人阶级五股力量,而清朝的腐朽统治使中国走进了半殖民地半封建社会，国家的主权、领土和广大人民都饱受摧残，但自强自立、勤劳勇敢的中国人一直在追求着独立和富强。于是一股又一股的政治力量相继走上政治舞台，挽救民族于危难之间。

首先登上历史舞台的是中国的农民阶级，他们在洪秀全的带领下，掀起了轰轰烈烈的农民起义——太平天国运动。这场运动历时14年，其持续时间之长、破坏强度之大、影响范围之广，都是中国历史上绝无仅有的，给清王朝的统治以沉重打击。然而农民阶级由于其自身的局限性，起义最终被清政府镇压了。

资产阶级作为封建社会末期出现的新兴进步阶级，自身也分成了两个派别，一个是资产阶级改良派，一个是资产阶级革命派。

第二个登上历史舞台来救中国的是资产阶级改良派，他们在康有为、梁启超的带领下，1898年6月11日，发动戊戌变法运动，倡导学习西方，提倡科学文化，改革政治及教育制度，发展农、工、商业等的资产阶级改良运动。但因变法损害到以慈禧太后为首的守旧派的利益而遭到强烈反对与抵制。1898年9月21日，慈禧太后等发动戊戌政变，光绪帝被囚，康有为、梁启超逃亡海外，谭嗣同等戊戌六君子被杀，历时103天的变法失败。戊戌变法运动的失败，究其根源是资产阶级的软弱性导致的，资产阶级改良派也失败了。

第三个走上近代历史舞台的是义和团。19世纪末，中国发生了一场以"扶清灭洋"为口号的义和团运动，这一运动粉碎了帝国主义列强瓜分中国的狂妄计划，沉重打击

了清政府的反动统治，加速了它的灭亡。然而这场运动在中外反动势力的联合镇压下，最终以失败告终。究其失败的原因，主要是义和团运动没有科学的革命纲领作指导。他们利用设立神坛、画符请神等方法秘密聚众，其中掺杂大量教授信众"刀枪不入"的愚昧成分，所以必然走向失败。

紧接着走上历史舞台的是中国资产阶级革命派，他们在孙中山、黄兴等人的领导下，发动了武昌起义，开启了轰轰烈烈的辛亥革命。辛亥革命是近代中国比较完全意义上的民族民主革命。它在政治上、思想上给中国人民带来了不可低估的作用。辛亥革命推翻了统治中国几千年的君主专制制度，建立起共和政体传播了民主共和理念，极大地推动了中华民族思想解放，以巨大的震撼力和影响力推动了中国社会变革。不幸的是，辛亥革命的胜利果实最终被袁世凯窃取。可以说，是因为资产阶级革命的不彻底性，最终导致辛亥革命失败。

各种政治势力的尝试，都以失败告终。中国依然是山河破碎、积贫积弱，中国人民依然生活在苦难和屈辱中。1921年，在马克思列宁主义同中国工人运动的结合过程中，中国共产党应运而生。中国共产党带领中国人民经过28年的浴血奋战，克服重重困难，最终带领中国人民建立了一个独立的国家，走上执政地位。

通过以上分析，我们不难发现，中国共产党走上执政地位不是自封的，而是近代中国历史发展的必然，是历史的选择。中国人民曾选择了农民阶级、选择了资产阶级改良派、选择了资产阶级革命派，但这些政治力量都失败了，最后，中国人民选择了中国共产党。中国共产党领导的新民主主义革命,取得了成功。可见,中国共产党执政不仅是历史的选择,更是人民的选择。

这种讲课方式,学生是容易接受的,也是极容易理解和心悦诚服的,更容易达到政治认同。

第二,"毫不动摇巩固和发展公有制经济,毫不动摇鼓励、支持、引导非公有制经济"的观点。

很多老师在交代这一观点时,缺乏对细节的把握,因此不容易给学生留下深刻的印象。

公有制经济是社会主义经济的根本特征,离开了公有制,就不能称之为社会主义国家。从现实情况看,公有制已显现出巨大的潜力和优势,它不仅存在于纯粹的公有制经济中,也大量地存在于混合所有制经济中。正因为公有制经济有这么大的魅力和优势,所以我们要"巩固",要想"巩固"好我们的公有制,就必须不断地"发展"公有制,因此,在"公有制经济"前我们要用"巩固和发展"。而对于非公有制,我们则主张"鼓励、支持、引导"。

为什么"鼓励"非公有制经济?因为非公有制经济在现今有着非常重要的作用,它在支撑经济增长、促进创新、扩大就业、增加税收等方面具有重要作用。正因为如此,我们要"鼓励"非公有制经济的发展。

为什么"支持"非公有制经济?因为非公有制经济在现今面临诸多困难,尤其在资金方面存在很大的问题,所以国家出台了很多支持非公有制经济发展的举措,如各大银行专门开设了给非公有制经济尤其是小微企业贷款的业务窗口,对非公有制经济尤其是小微企业的创办也降低了门槛,很好地实现了创业带动就业的局面。可见,"支持"

非公有制经济,是因为时下的非公有制经济的发展还面临着困难。

为什么"引导"非公有制经济?原因有很多,比如:部分非公有制经济,如私营经济和外资经济存在一定的剥削现象,所以我们要做好"引导";非公有制经济在方向把握上还存在一定的盲目性,也需要我们做好"引导",等等。

综上所述,对于一个观点的解读,一定要以严谨的态度去对待,这样才能真正领悟到党和国家方针、政策的实质和精髓,也才能真正地实现对党和国家方针、政策、体制、机制的政治认同。

# 科学精神——有创新,有价值

## 一、科学精神的基本内涵

科学精神是人们在长期的科学实践活动中形成的共同信念、价值标准和行为规范的总称。科学精神是指由科学性质所决定并贯穿于科学活动中的基本的精神状态和思维方式,是体现在科学知识中的思想或理念。科学精神的培养在高中阶段十分重要,并且贯穿于整个高中阶段的思想政治课程中。一方面,科学精神是思想政治课程中《哲学与文化》的重要教学目标,旨在帮助学生认识思维的片面性与狭隘性,学会透过现象看本质、一分为二地看问题、解决矛盾。另一方面,科学精神蕴含在高中思想政治学科的各个板块之中,培育科学精神可以帮助学生放宽眼界,面向未来,因此必须将其融入思想政治学科核心素养之中,着重培养，大力推进，力求拓展学生思维水平，提升学生思维品质。

**二、对科学精神的基本理解**

1.科学精神不是相对于人文精神而言的思维方式，而是相对于"非科学精神"而言的精神取向，强调的是"科学的世界观和方法论"，即坚持马克思主义的基本立场、观点和方法，这是从"思维具有科学性"的角度来说的。

2.从培养目标上看，科学精神应该指向价值判断和行为选择。在政治学科能力结构中，价值判断和行为选择属于高阶思维能力。但其实现则有赖于低阶思维能力的实现。为此，对于科学精神的培养目标，主要从以下几个方面来落实：思想根据、社会实践、人生意义、行为选择。从思想根据的角度来说，基本的目标要求是"用马克思主义基本立场、观点和方法，观察事物、分析问题、解决矛盾"；从社会实践的角度来说，要求学生"解放思想、实事求是，对政治、经济、文化、社会和生态文明建设的实践，做出科学的解释、正确的判断和合理的选择"；从人生意义的角度来说，科学精神的培育目标是，学生能够"感悟人生智慧，过有意义的生活"；从行为选择的角度来说，对学生的要求是，"以锐意进取的态度和负责任的行动促进社会和谐"。这几个方面，既有对内在根据的强调，也有对外在习惯的重视，既有对具体生活的关切，也有对高尚意义的探索，共同构成了我国公民科学精神培育的目标。

3.从涉及的范围来看，科学精神解决的是"个人成长、

社会进步、国家发展和人类文明"的问题，而这个范围包括了个体从自我到他人、从具体的社会生活到抽象的国家与人类文明的全部范围。按照这一理解，科学精神是一种具有普遍意义的"精神取向"，对学生成长的方方面面都有深刻的影响。

4. 从学科意义的角度看，科学精神的确立既是社会变革和实践创新的时代要求，也是实现创新发展的必经之路。课程标准明确提出："当代中国正经历广泛而深刻的社会变革，正进行宏大而独特的实践创新。在这一社会变革和实践创新的过程中发扬科学精神，必须坚持辩证唯物主义和历史唯物主义基本观点，领会习近平新时代中国特色社会主义思想，认清社会发展规律和阶段性特征，解放思想、实事求是、与时俱进、求真务实，在全面深化改革的进程中，把握发展机遇，应对各种挑战。"将我国实现创新发展的根本指导思想作为需要学生领会的基本要求，在思想方法上为学生理解社会、奉献社会提供了重要的思想基础。

5. 从育人价值的角度看，科学精神的培养对学生成长具有重要意义。从学生的个人成长来说，"培养青少年的科学精神，有助于他们形成正确的价值取向和道德定力，提高辩证思维能力"；从国家和社会的发展需要来说，科学精神的培养可以使学生"立足基本国情、拓展国际视野，在实践创新中增长才干"。将二者联系起来，既关注学生完整生命个体的全面发展，又体现学生作为社会人和国家公民的责任担当，是科学精神的应有之义。

6. 从落实的角度看，作为思想政治学科核心素养的科学精神，在思想政治课教学的每个模块和环节都应该有所呈现。只有让学生进入思考的状态，他们的学习才有实际的意义和丰富的生成。因而，科学精神应该有丰富多样的表现形式和具体样态，应该有体现学生思维张力的多样化表现和可能性。

### 三、我国公民的科学精神

我国公民的科学精神就是在认识世界和改造世界的过程中表现出来的精神取向，即坚持马克思主义的科学世界观和方法论，能够对个人成长、社会进步、国家发展和人类文明做出正确的价值判断和行为选择。

正如上文所提到的：当代中国正经历广泛而深刻的社会变革，正进行宏大而独特的实践创新。在这一社会变革和实践创新的过程中发扬科学精神，必须坚持辩证唯物主义和历史唯物主义基本观点，领会习近平新时代中国特色社会主义思想，认清社会发展规律和阶段性特征，解放思想、实事求是、与时俱进、求真务实，在全面深化改革的进程中，把握发展机遇，应对各种挑战。培养青少年的科学精神，有助于他们形成正确的价值取向和道德定力，提高辩证思维能力，立足基本国情，拓展国际视野，在实践创新中增长才干。

基于此，新教材《中国特色社会主义》更体现了对科学精神的培养，它着眼于人类社会的发展历程，立足于中国特色社会主义的伟大实践，明确中国特色社会主义是科学社会主义理论逻辑与中国社会发展历史逻辑的辩证统一，

中国特色社会主义已经进入新时代，帮助学生树立为共产主义远大理想和中国特色社会主义共同理想而奋斗的信念。新教材《哲学与文化》阐明马克思主义哲学是科学的世界观和方法论，讲述辩证唯物主义和历史唯物主义基本观点，坚持实践的观点、历史的观点、辩证的观点、发展的观点，在实践中认识真理、检验真理、发展真理；讲述社会生活及个人成长中价值判断、行为选择和文化自信的意义；为培育学生思想政治学科核心素养提供了很好的理论依据和素材。

**四、科学精神的实践探索**

对科学精神的培育是考验教师教学智慧的挑战性任务。在教学中充分落实科学精神，不仅需要教师在教学技能方面做充分准备，还需要教师在教学策略方面充分发挥探究精神。下面是北京市丰台第三中学白杨老师在参加北京师范大学"政治学科能力提升系列项目"时执教"文化创新"一课的案例，很值得我们借鉴，仅以此案例来分析科学精神的教学实施基本策略。

在试讲阶段，白老师的教学流程主要是：以水墨画电影《小蝌蚪找妈妈》视频片段导入，通过归纳和提升学生观看后的感受，引导学生体会到，这部影片首次将中国的水墨画元素融入动画片，体现出文化的创新，借此引出课题。接着展示中国动画的发展历程，通过问题探究："截至20世纪80年代，我国动画的辉煌发展给了你怎样的触动？"引导学生自主建构"文化发展的实质就在于文化创新""文化创新是文化发展的源泉和动力"等认识,进而设置"中国动画人为什么要不断地进行文化创新"的问题,引导学生从重要性和必要性两个方面进行分析,以落实"文化创新是社会实践发展的必然要求""社会实践是文化创新的源泉和动力"。文化创新不仅推动了我国动画的发展,还将我国的优秀传统文化融入其中,"促进了民族文化的繁荣"。之后,通过20世纪90年代中后期至今中国动画的发展不尽如人意,让学生探究"如果你是当代动画人,你会通过哪些途径进行文化创新?"引导学生形成对教学内容的整体性认识。在这个过程中,帮助学生实现情感、态度和价值观的升华,提高社会责任感和使命感。接着,呈现优秀动画电影《大圣归来》的相关信息,引导学生感受当代动画人正通过实践,努力推动中国动画的发展;引导学生用发展的观点看问题,并对中国动画的未来发展充满信心。

应该说,这样的教学设计也是很好的,但经过专家团队的指导改进后,在最终的教学中,白老师将教学流程调整为:在导入环节,播放动画电影《大圣归来》的视频片段,导入课题。设置合作探究问题:"这部电影是如何对待传统文化并加以创新的呢?"引导学生思考"如何对待传统文化"和"如何继承传统文化",帮助学生自主构建"正确对待传统文化"需要"取其精华,去其糟粕"(批判继承)和"推陈出新,革故鼎新"(在发展中继承),自觉克服"守旧主义""历史虚无主义"的错误倾向。从一则关于影片3D效果的影评,合作探究"这部电影是如何对待外来文化,

并在文化交流、借鉴和融合中进行创新的",带领学生分析出应当"面向世界,博采众长",自觉克服"封闭主义"和"民族虚无主义"的错误倾向。接着带领学生回顾中国动画的发展历程,从20世纪50年代到80年代,中国动画取得了一系列辉煌成就,合作探究"中国动画人为什么要不断地进行文化创新",通过对学生探究结果的归纳和总结,引导学生理解"文化创新是文化发展的实质""社会实践是文化创新的源泉和动力"。在这个过程中,针对20世纪70年代中国动画发展的"断层期",探究其原因,再次印证不能正确对待传统文化和外来文化的不良后果。最后,设置合作探究问题:"你有哪些创新的好点子?用你的创新好点子来点燃我们吧!"引导学生运用所学知识,增强使命感和责任感,实现教学目标。

### 五、科学精神培育的基本路径

**1. 需要我们注重思维张力的设计**

只有给学生"能有想法并愿意表达"的问题,才有可能实现科学精神的培育。对比这节课导入环节的前后改进,我们可以看到,在试讲阶段,教师给学生的材料是单向的,缺少思维的张力,导致学生无话可说,他们从材料中得出的结论也只是对于教材相关内容的复述,并非是自己思考和呈现的结果。而正式授课阶段的导入,"不一样"和"如何对待传统文化并加以创新"给学生留下了充分的讨论空间。学生可以结合自己的认识和体验,进行个性化的思考和表达。

## 2. 需要我们充分体现学习的逻辑

作为一名具有丰富教学经验的教师，白老师对本节课的教学逻辑具有比较娴熟的把握，但在试讲阶段，这种娴熟反而制约了课堂教学。教师的步步推进，只是自己教学思路的展开，而忽视了学生学习的基本逻辑，使整节课的灌输色彩浓厚。尽管有形式上的讨论环节，其效果却大打折扣。而在正式授课环节，先让学生形成基本认识，明确态度问题，通过回顾中国动画的历程，形成全面认识，进而启发学生实现"及于自身"的思考，较好地体现了学生的学习逻辑，对教学效果也有积极的促进作用。

## 3. 要将正确的立场和科学的呈现方式结合起来

正确的立场是思想政治课不可推卸的使命，而只有以科学的呈现方式表现这种立场，才能真正说服学生。比如上述白老师的课，在试讲阶段，白老师基本是在说中国动画发展"好的方面"，即便提及"不好的方面"，重点也在于"你如何改变"。而在正式授课阶段，通过回顾历程，让学生了解中国动画发展得"好"与"不好"，并让学生分析原因。这样的呈现，让学生形成全面、理性的认识，在此基础上，再从更为开放的意义上去落实使命感和责任感，便有了更为可信的认识基础。

科学精神的魅力，在于每位教师都能用自己特有的方式打开学生的思路，激发他们的思考，让那些迸发的思想火花经过课堂的不断锤炼，最终变成头脑风暴，为学生的成人成才持续发挥促进作用。希望我们的探究能引出各位教师的思想"美玉"，让思想政治课堂远离死记硬背，变成充满思辨魅力和思想活力的课堂。

# 法治意识——严自律，有尊严

## 一、培养法治意识的必要性

2014年10月，十八届四中全会通过了《中共中央关于全面推进依法治国若干重大问题的决定》，提出"将法治教育纳入国民教育体系，从青少年抓起，在中小学设立法治知识课程"的要求。为落实这一要求，提高法治教育的系统化、科学化水平，教育部、司法部、全国普法办于2016年6月28日联合印发实施《青少年法治教育大纲》，明确提出"要高度重视青少年法治教育工作"。党的十九大进一步明确指出，"全面依法治国是国家治理的一场深刻革命，必须坚持厉行法治，推进科学立法、严格执法、公正司法、全民守法"。在此背景下，《普通高中思想政治课程标准》将法治意识确定为思想政治学科核心素养。因此，深刻理解法治意识的价值和作用，对于将其从素养理念变成教学实践具有重要价值。笔者拟分析法治意识的基本内容及其表现，说明其水平划分及意义，并试图通过课例分析其教学实施的基本策略。

## 二、对法治意识的全面理解

### 1. 法治意识的核心内容是对法律的"尊学守用"

与之前的表述相比，"尊法"成为非常显著的要求。这里的"尊"，不仅是"心中有法"，还包括"心中敬法"。

从这个意义上说，培养法治意识更多的不是落实对具体法条的理解，而是聚焦"置法于何处"的法治信仰要求，强调"将法律作为最高权威"，因而，符合学科核心素养的表现形式。

**2. 培养学生法治意识需要聚焦"参加社会主义法治国家建设"**

对于这一部分内容，我们要结合高中生的特征予以理解。高中生主要的公共参与是在校读书，他们如何实现"参加社会主义法治国家建设"？对此，课程标准有明确说法，即"做社会主义法治的忠实崇尚者、自觉遵守者、坚定捍卫者"。所以，我们既要考虑法治意识的落地方式，又要充分考虑学生的"力所能及"。

**3. 学生法治意识培育的关键在于"自觉"**

目前很多教师在阐述对法治意识的理解时，更多侧重于"法"，试图从客观性角度说明法的适用性。而从课程标准中我们可以看出，法治意识培育的主要着眼点应该是培养一种"自觉"意识。从这个意义上说，对于法治意识，必须既注重内容的了解，又重视思想意识的培养。

**4. 从学科意义的角度来说，对于法治意识，要从国家需求和核心内容两方面理解**

从国家需求角度看，"建设社会主义法治国家是推进国家治理体系和治理能力现代化的必然要求"。而从核心内容看，法治意识主要体现全面依法治国的要求，即"必须坚持党的领导、人民当家作主、依法治国有机统一，坚持依法治国和以德治国相结合，实现科学立法、严格执法、

公正司法、全民守法，在全社会树立法治意识"。这些内容构成了法治意识培育的内容维度和核心部分。

**5. 从育人价值角度来说，法治意识的培育对学生的成长具有重要意义，主要体现为从学生的个人生活到国家法治建设的扩展过程**

增强青少年法治意识，有助于学生"在生活中依法行使权利、履行义务，严守道德底线，维护公平正义，做社会主义法治的忠实崇尚者、自觉遵守者、坚定捍卫者"。这个扩展过程，突出体现了法治意识的德育意义，强调了核心素养培育的德育性质，是落实思想政治课程育人属性的表现。

### 三、我国公民的法治意识

即尊法、学法、守法、用法，自觉参加社会主义法治国家建设。

具体地说，法治意识，指的是在法治社会中，公民自觉自律维护权利、履行义务的意识和态度，是所有公民都必备的核心素养，思想政治学科作为教化社会成员的基础课程，理应承担起法治意识核心素养的培养重任。一方面，高中思想政治学科教学过程中会有不少涉及规则意识、法律意识的学习内容与素材，囊括了大量的课程资源与教育时机，教师应有意识地加以运用。另一方面，法治意识对人一生的行为举止都提供了明确的框架与规范，指导学生更好地生活与工作，更好地处理危机与困难，帮助学生形成自觉守法、用法的意识，为学生维护自身权益、规范自身行为奠定法治意识的基础。

**四、法治意识的实践探索**

新教材"政治与法治"，以党的领导、人民当家作主、依法治国有机统一为主线，讲述党的领导是人民当家作主和依法治国的根本保证，人民当家作主是社会主义政治的本质特征，依法治国是党领导人民治理国家的基本方式，从而奠定学生政治立场与法治思维的基础，既体现了政治认同，也有效地落实了法治意识的核心素养。

下面以我上过的一堂公开课（片段）为例，谈一谈在课堂教学中对学生法治意识的培养。

公民在法律面前一律平等，是我国公民在参与政治生活时必须遵循的基本原则之一。我国宪法规定："中华人民共和国公民在法律面前一律平等。"

对于这个观点，很多人，包括一线教师，甚至是广大学生都觉得再熟悉不过了，而且也很容易理解。但实际上，这个看似很简单的观点其内涵还是非常丰富的。教师只有通过深度备课，挖掘潜在的内容，才能真正达到对知识的掌握，进而达到对宪法和普通法律条文的理解，这有利于推动宪法和普通法律的实施，有利于提高广大公民的参与热情，增强社会责任感，达到增强政治认同的目的。

对于这个观点，教材的论述还是比较抽象的。如果教师不能按照科研性的要求备课，即便传授给学生，仍然是空洞的、抽象的，学生也不能深刻地理解。我们备课组在备课过程中，本着科学研究的精神，从一字一词入手。我

们把这句话拆分成了三个词，"平等""一律""在法律面前"，通过逐一理解这三个词，深度剖析这个观点，取得了很好的效果。

首先，我们对"平等"一词进行研究，除了教材提供的表述外，还有更多的解释可以用在对该观点的深入理解中，这也有助于学生对类似问题的解答。

第一，我们所讲的"平等"是"司法"的平等和"守法"的平等，即司法机关能公正司法，执法机关能公正执法，全体公民能严格守法，把法律放在一个至高无上的位置上，依法办事；同时，又要深刻领会这种"平等"并不是"立法"方面的平等，也就是说，我们可以说"公民在法律面前一律平等"，但不可以说"公民在立法方面平等"。为什么是这样呢？通俗地讲，我国的立法机关是全国人民代表大会，全国人民代表大会是由全国人大代表组成的，而全国人大代表是由各级人民代表大会选举产生的，所以在某种程度上，可以说立法与"人民"有关，"人民"是一个概念，而我们现在所讲的是"公民"，是法律概念，它们并不是一回事。

第二，我们所说的"平等"不是平均或均等。简单地说，不是每一个公民所享有的权利和履行的义务都一模一样、完全相同。比如，在其他情况成立的情况下，18周岁以下的公民和18周岁以上的公民相比，18周岁以下的就没有选举权和被选举权；再比如，人大代表的权利和一般公民的权利是不一样的。所以我们在理解"平等"时不要字面化。

其次，我们再来看看"一律"这个词。在这里，"一律"应该指一定范围，是指不论普通公民，还是国家高官；不论是国内从业者，还是外国经商者，只要在我国违反了法律，都要依法受到惩罚。

最后，"在法律面前"这个词，有很多人认为，这个词还用解释吗？很好理解啊！我认为这个词才是真正体现法治意识的词语，最终体现我们政治认同的关键。从通俗的角度来解释，"在法律面前"就不是"在法律背后"，而所谓的"在法律背后"就是我们的"现实"，就是我们所感受到的，因此，有人往往会说：我们的法律要求平等，但为什么现实却有不平等的现象。我认为，这恰恰是让我们广大的公民要善于把现实生活中出现的一些不平等、不公正的事情诉诸法律，从而实现平等。因此，这就要求我们每一个公民都要有法律观念，要有法治意识，这样才能真正达到政治认同，落实好核心素养的要求。

我们可以把法治意识培育的教学策略概括为以下三个方面：

其一，只有克服学生与法治的"距离感"，才能增强法治意识培育的"亲切感"。本节课教学设计思路经过了几次改进，这对于教学发挥了重要作用。这种改进始终坚持以学生为本，围绕学生的认识与情感发展进行。因此，培育法治意识首先要基于学情，立足学生。

其二，法治意识培育不仅是对认识层面的提升，更是对行为倾向的重视。通过对比本节课的试讲和正式授课，我的感受是：同样是情感、态度和价值观的升华，试讲时

让学生泛泛来谈收获和感想，效果远不如在正式授课时讨论如何以实际行动向宪法宣誓。从讨论宪法宣誓的意义到感受宪法在我们身边，从感受宪法的作用到如何用行动向宪法宣誓，从知识理论探讨到情感、态度和价值观升华一气呵成，具有润物无声的作用。尤其是最后的课堂生成，学生从被动遵守法律到主动捍卫宪法权威，实现了教学目标。这种改进，使法治意识的培育在学生自我教育中实现了知行统一。

其三，法治意识培育要突出德育，注重思维培养。对比本节课的试讲和正式授课，正式授课环节更为关注学生思维品质的培养。比如，通过回顾中国法治道路发展的历程，引导学生感悟实践没有止境，事物发展都有其历史进程，今天的发展也是社会历史发展的必然。再比如，在案件分析中，不是着眼于具体法律条文的解读，而是引导学生形成这样一种思维方式：作为非法律专业人士，我们很难了解每一部法律的具体条款，但我们可以学好宪法，依据宪法来寻求法律保护。法治意识素养的培育是思维方式的培养、做事方式的培养，这种改进，使法治意识的培育更着眼于学生未来的发展。

法治意识存在于丰富的社会生活中，其培育的有效策略就在教师的积极探索中。社会主义法治国家的建设既需要宏大叙事的路线指引，也需要见微知著的认识提升。因此，我们应该为学生做好"引路者"和"导航员"，使其具备较高的法治意识。

# 公共参与——有情怀,有担当

## 一、公共参与的基本内涵

公共参与,指的是公众在社会生活中通过一定正当的程序,积极行使公民权利,履行公民义务,体现了公民广泛参与公共事务、自由表达意见建议、合理维护社会及自身利益的社会责任感与主人翁意识。把公共参与作为高中思想政治学科的核心素养,是由思想政治学科的独特性质决定的。思想政治学科有着其他学科所不具备的公众参与教育资源。

## 二、对我国公民的公共参与理解

1.公共参与表现为有序参与公共事务。有序参与公共事务,主要表现为在参与社会生活的过程中,维护公共秩序,遵守公共规则。社会生活是复杂的,如何在参与公共事务的过程中做到自律,能否遵守社会公德的基本要求,并按照社会普遍接受和认可的方式参与社会生活,是高中生将来在社会中能否成为合格公民的关键。公共参与强调有序参与公共事务,就是要高中生通过对高中思想政治课的学习,充分理解将来要成为合格的社会成员,必须学会"以恰当的方式进入社会和参与社会"。

2.公共参与体现为承担社会责任。社会责任与担当意识紧密关联,是学生奉献社会的表现形式。较之前述要点,对社会责任的承担更加突出主动性和自觉性,强调学生通

过课程学习愿意为社会发展和进步做出自己力所能及的贡献。高中生的主要任务是在校学习，但这不等于他们没有机会和能力为社会做奉献。具有集体主义精神，为班级和学校做些自己力所能及的事情；热心公益事业，在力所能及的范围内参与公益活动；践行公共道德，将道德要求主动转化为自己的行为习惯；乐于为人民服务，授人玫瑰，手有余香……这些都是学生可以做到的，是他们承担社会责任的主要方式。

3. 公共参与强调积极行使人民当家作主的权利。这里强调的公共参与，突出的是公民政治权利的正确行使和主动行使。作为国家公民和社会成员，积极主动地参与民主选举、民主协商、民主决策、民主管理和民主监督的实践活动，不做社会发展的旁观者，积极地以主人翁的态度，表达自己的观点，奉献自己的力量，积极促进社会主义民主政治的建设与发展，这是公共参与的核心要义。只有在这个意义上培育学生的公共参与素养，才能帮助学生在参与社会政治生活的过程中体验幸福感和责任感，在参与社会的过程中切实提高自身对话协商、沟通合作、表达诉求和解决问题的能力，为将来全面参与民主政治做好充分的准备。

为深入理解这一部分内容，《普通高中思想政治课程标准（2017年版）》分别从学科意义和育人价值两个方面对公共参与的价值和意义进行了深入解读。

4. 从学科意义方面可以分为两个角度：从公民个体权利行使的角度来说，"广泛的公共参与，彰显人民主体地位，是公民行使知情权、参与权、表达权、监督权的表现，有助于更好地表达民意、集中民智，提高国家立法和政府决策的科学性、民主性"；从一般的社会生活的角度来说，公共参与"有助于鼓励人们热心公益活动，激发社会活力，提高社会治理水平"。

5.从育人价值方面来说，公共参与的培育，能让学生理解民主政治，表现为有益于学生"了解民主管理的程序、体验民主决策的价值、感受民主监督的作用"；让学生具备公民意识，表现为"增强公德意识和参与能力"；落实于道德养成，表现为"追求更高的道德境界"。这几个方面的相互作用和有机融合，构成了正确价值观念、必备品格和关键能力的有机整体，成为学生未来发展的重要推动力和根本保障。

### 三、我国公民的公共参与

就是有序参与公共事务，勇于承担社会责任，积极行使人民当家作主的政治权利。

### 四、公共参与的实践探索

新教材"政治与法治"明确讲解了我国公民的权利与义务，对学生进行了相关知识的普及。将公共参与作为学生实践与创新的必要内容，体现了新课标提出的"三分之一社会活动学时"的新要求。因此，我们在组织高中思想政治公共参与核心素养培养时，应将学生的责任意识与参与能力作为实施培养的重要目标。新教材"经济与社会"中通过讲述和阐释，让广大学生认同我国的经济制度，进而提升在新时代参与社会主义现代化建设的能力。

公共参与的教学实施是一个难题，主要是因为这一素

养具有显著的实践性，与社会实践的关联非常密切。但思想政治课教学的主要任务是在课堂上完成。如何让学生在课堂上感受社会生活实践？这种实践如何通过教育实现提升？这些问题的解决，都离不开对公共参与教学实施基本策略的探索。下面是北京市日坛中学任会波老师在参加北京师范大学"政治学科能力提升系列项目"的教学改进课"民主管理：我为社区献一策"教学案例，很值得我们借鉴，仅以此案例来分析这一素养的培育策略。

在试讲阶段，教学的流程是这样的：课程导入环节，教师展示学生绘制的"居委会工作人员"这一漫画，由此提出"居委会的性质及其工作内容"等问题，引导学生通过展示学习成果和活动成果，形成对民主管理的认识。在此基础上，学生提出参与社区民主管理的方案，大家通过讨论，分析评价方案的优点和缺点。最后，提出"怎样监督居委会的工作"的问题，通过引导学生说明社区民主监督的途径和方式，实现对知识内容的把握。

这是一节比较传统的课堂。表面上看，有了学生的绘画、展示和讨论，具体的知识点基本落实，看起来比较完整；但这里的学生参与是"假参与"，学生生活也就是"假生活"，无法真正调动学生的思考，难以实现公共参与素养的培育。经过专家团队的指导改进，在正式授课阶段，任老师将教学流程修改为：课程导入环节，学生分析展示自主完成的"关于社区居民自治的调查报告"材料，教师引导学生关注社区居民自治的基本情况，深切感知我国社区居民自治的现状及问题。在此基础上，教师指导学生进行"关于社区公共空地应该如何使用"模拟民主决策活动，通过体验决策过程和论证选择方案，做出正确的价值判断与价值选择，了解社区民主决策的程序，体验民主决策的价值。之后，通过"我为社区献一策"，引导学生根据自己关注的问题，形成改进社区管理的建议。最后，通过"写公益倡议书和设计公益微电影"，激发学生参与公益活动的热情，达到情感、态度和价值观的升华。

从本课例的教学改进我们可以看出，公共参与素养的培育，需要注意以下教学策略：

公共参与素养的培育应该以学生对社会生活的实际参与为前提。对比试讲和正式授课可以看出，试讲中的学生参与并不是学生对社会生活的实际感受，很难引起学生的实际兴趣；正式授课中的学生展示，是学生小组亲自走进社区采访而来的。正式授课把学生的实践活动作为切入点，进行社区自治调查、拍摄拆除违法建筑的照片、帮助居委会发布安全提示、给社区做板报等，这些实践形成的学习体验，给予了学生多样化发展的机会，激发了学生的创新精神与能力。公共参与的前提是公民对公共事务和社情民意的真实、全面、深入的了解。课堂模拟和建言献策，都是建立在社会实践的基础上。学生针对公共事务开展深入细致的调查，分析其背景、成因、意义或危害，提出合理建议，既了解了社会，又增强了公德意识，弘扬了公益精神，切实提升了社会责任感。学生对社会大课堂的这种感受，是书本和教室给不了的。需要说明的是，学生作为学习者，他们参与社会的能力和范围有很多限制。因此，在让学生实际参与社会生活的过程中，教师要做好功课，充分考虑和权衡各种因素的影响，尽量给学生提供一个安

全、高效的氛围，既给学生明确的任务，又给学生充分的保障。在学生开展相关活动的过程中，教师要做好"幕后英雄"，在必要的时候给予学生必要的指导和帮助。

公共参与素养的培育主要以解决具体问题的方案设计为落实教学任务的基本点。这个策略在上述课例中主要表现在从试讲的泛化讨论到正式授课的解决方案设计。试讲时的讨论问题指向不够明确具体，让学生泛泛地谈自己对于改进社区民主决策的设想，学生也就多停留在"空对空"的虚化建议上。而正式授课的时候，教师提出的问题非常明确，学生的讨论和设计也就有了更多的针对性。正式授课中模拟民主决策的情境素材，来源《新京报》的一篇文章。这篇文章讲的是北京市通州区后南仓小区发生的一件事情，居民代表召开会议来决定如何利用社区的一块空地。在与社区居委会的沟通过程中发现本社区也有类似情况，教师设计了"关于社区公共空地应该如何使用"的模拟民主决策活动。学生在模拟活动中各抒己见，有的学生认为要改造成绿地，有的学生认为应该建设共享单车停放点，还有的学生认为适合建便民商店，等等，大家在体验民主决策的过程中认识到了民主决策的意义和价值。以"社区民主决策"为背景支撑，通过不同观点和思想的讨论与选择，既培养了学生分析解决实际问题的能力以及创新精神，也培养了学生的竞争与合作意识，这是公共参与素养的重要构成。

公共参与素养的培育要重视价值引导，促进情感共鸣。对比试讲和正式授课，我们不难发现，二者在根本上的差异，就是对价值引导和情感共鸣的重视程度不同。在试讲课上，学生是无关痛痒、可有可无的旁观者，只是在听一个与自己不相关的故事，无法深入参与。而在正式授课环节，因为学生是过程的参与者和"决策的制定者"，他们的关注程度和投入程度大大提高。特别是在"我为社区献一策"环节中，学生主动发言，畅谈对社区养老问题、儿童安全问题的关注，以及最后的爱护社区环境倡议，都体现了其情感、态度和价值观的深度参与。作为课堂教学的延伸，正式授课班的谷一诺同学为光华里社区拍摄的公共参与主题微电影《爱我社区》，在朝阳区的微电影比赛中获得了优秀奖，更是受到同学和老师的赞扬。相信这样的经历不仅对谷一诺同学是很大的激励，对所有参与课堂的同学来说都会是难忘的经历。

公共参与素养的培育要让学生看到社会现实，更要让学生全面认识社会发展的基本阶段。我们生活的世界并不只有美好。学生在进行社区调研的时候，也看到了很多与现代文明要求格格不入的事物。对这些问题，我们不能忽视和回避。既要让学生看到我国社区居民自治中的显著成就，也要客观地告诉他们我国社区居民自治中存在的一些问题，让学生明白，解决这些问题，需要大家增强公德意识和参与能力。在此基础上，引导学生增强使命感和责任感，从而在民主实践中逐步增强公共参与的责任意识。这样的努力，在正式授课时收到了显著的效果，这也正是培育公共参与素养的目的所在。

政治认同、科学精神、法治意识、公共参与四个要素相互依存、相互交融。其中，政治认同是核心素养中的核

心要素，既奠定了学生理想信念的基础，又决定了学生成长发展的方向，是其余三项核心素养的共同标识。科学精神作为学生思维成熟的标志，是达成政治认同、形成法治意识、实现公共参与的基本条件。法治意识是公共参与的必要前提，没有法治意识就无法有效实现公共参与。公共参与则是法治意识的外显表现，是政治认同和科学精神所导致的必然行为。这四个方面在教学过程中组成有机的统一体共同发挥作用。

# 如何在高中思想政治课堂中培养学生的核心素养

## 一、高中政治核心素养的构成

高中政治包括政治认同、科学精神、法治意识和公共参与。其中，政治认同是指学生对我国当前的政治制度和意识形态的认同感；科学精神是指学生在社会生活中建立起来的理智、客观、反思等品质，通过高中政治学科的学习，学生能够运用理性的精神对待事物、分析问题并提出相应的解决措施；法治意识是基于学生对我国法律的认可和顺从的基础上，学生善于用法、善于用法维权的一种品质和素养，也是基于法律这一准则帮助学生建立法律面前人人平等的道德观念；公共参与是指公民参与社会公共事务的意识与基本能力，是自觉维护社会公共利益、提升社会文明、践行公共精神的意识和品质。

## 二、高中政治核心素养的培养

基于以上对核心素养的论述，在高中政治教学中，教师对学生核心素养的培养可以通过以下措施和方法进行开展。

### 1. 挖掘教学资源，培养政治认同

对学生政治认同感的培养，应当建立在学生感知和体验的基础上，通过学生的切身体会而生成，仅通过灌输和讲授的方式很难培养学生的政治认同。因此，教师在培养学生的政治认同这一素养时，可以通过挖掘教学资源、注重学生感知和体验等方式，让学生在教师的引导下，产生认同感、赞同感，抑或是在学生无意识间给他们以震撼，从而培养学生的政治认同这一素养。例如，在"中国共产党执政：历史和人民的选择"这一节内容的教学中，为了帮助学生提升认识，感知中国共产党执政是历史和人民的选择，教师可以从中国共产党执政以来我国国家建设取得的辉煌成就帮助学生感知和体验。在政治上，中国是安理会常任理事国，是许多国际组织的主要成员；在经济上，中国的经济总量位居世界第二，有世界工厂之称；在军事上，我国军事整体实力位居世界前列，我国拥有强大的核武器、拥有前沿的军事技术；在科技上，我国航空航天成就斐然，从"神舟五号"到"嫦娥四号"，中国人的航天梦得以实现，科技专利举世瞩目；在文化上，我国的教育及当前的媒体文化，都在世界上有着重要的影响。通过新中国成立以来的发展和成就，帮助学生认识并深切体验到：正是由于中国共产党的领导，我国社会飞速发展，社会经济以及综合实力不断提升，人民安居乐业、生活幸福。在

学生的切身体验和感知下，学生的政治认同感随之生成，学生的政治信仰得以建立。

2. 辨析社会案例，培养科学精神

虽然高中阶段的学生已经具备了独立的自我意识，也有了对事物的独特认识，但是其思想不成熟、辨别是非的能力不强。这就要求教师通过教学案例，帮助学生从案例分析中培养理性精神，引导学生学会客观理性地对待事物，沉着、全面地分析和处理问题。例如，在"树立正确的消费观"这一节内容的教学中，教师引入教学案例。案例是一个家庭成员的对话。妈妈：我想买件羊绒大衣，朋友们都有；儿子：我想买件乞丐服，很时尚、很个性；女儿：同学过生日，我要给同学买一部手机，要比其他同学送的礼物都要好，要不然面子上过不去；爸爸：买东西不买贵的，只买对的，实用就好。教师通过以上案例，引导学生分析对话中每个人物的消费心理，并结合学生的生活实际，引导学生得出结论：在生活中一定要坚持理性消费原则，避免从众心理、求异心理、攀比心理，只有这样，才能真正让消费达到提升自己生活质量和幸福感的目的。通过对以上案例的辨析，提高学生的理性认识。

3. 引入教学情境，树立法治意识

法律是我们正常生活的保障，法律就在我们的身边维护着我们的权益。但是，部分学生却毫无法律意识，认为法律与我们的实际生活毫不相干，甚至被侵犯了法律权益也不会主动地进行维权。因此，在高中政治教学中，教师可以通过情境教学的方式，帮助学生树立法律意识。例如，在"征税和纳税"这一节内容的教学中，教师可以结合学生的实际生活引入情境：你去某个商店买洗衣机，老板承诺，只要你不要发票，就可以赠送一套餐具。面对这一情境，你会怎么办？通过这一情境，帮助学生认识到：纳税是公民的义务，偷税漏税是不法行为。面对这一行为，我们要运用法律武器维护社会和国家的利益。

### 4. 运用社会实践，提升公共参与

公共参与素养就是每个公民在社会活动中应当具备的基本素养。在高中政治教学中，教师可以通过社会实践或组织学生活动的方式对学生进行培养，引导学生主动积极参与公共活动，维护社会文明。例如，在"博大精深的中华文化"这一节内容的教学中，教师可以组织学生通过查阅等方式了解我国失传的传统文化，在学生惋惜的同时帮助学生主动建立维护中国传统文化的意识。

核心素养指导下的高中政治教学，应当基于教师的精心设计和巧妙安排，促进学生核心素养的全面发展。对此，在教学中，教师可以通过挖掘资源、辨析案例、创设情境、组织社会实践等方式开展活动，从而促进学生的全面发展。

## 基于核心素养视域下的
## 初中"道德与法治"教育

在教育部印发的《关于全面深化课程改革 落实立德树人根本任务的意见》中，"核心素养"培养虽然首次被提出，但是却被放在首要地位。改进学科教育的育人功能，强化学生核心素养教育，也成为课程改革要面临和思考的重要

问题。道德与法治教育是学校德育、素质教育的重要渠道，利用道德与法治教育培养学生的核心素养，也成为初中教育的必然选择。

## 一、核心素养的内涵和意义

2014年4月，在教育部印发的《关于全面深化课程改革 落实立德树人根本任务的意见》中，"核心素养体系"这个概念首次被提出并很快引起了全社会的共同关注。从词义来看，核心素养指个体所必须具备的品格和关键能力。核心素养是个体知识、技能、情感、态度和价值观的综合体，其形成和发展兼具稳定性与开放性，可以说是一个可持续发展、与时俱进的动态发展过程。教育学领域的核心素养指的是教育应该培养什么样的人这个问题。这个问题涵盖了态度、知识和能力等方面，它不仅要契合素质教育的理念，还要与社会主义教育"促进人的全面发展、适应社会需要"的发展方向保持一致。

关于政治学科核心素养的内涵，我国教育界和教育行政部门至今尚未给予明确界定，但是，可以肯定的是，道德与法治学科的核心素养是以人格完善、素质提高、核心价值观践行为目标的，它是从思想品德视角对社会和人生的审视。道德与法治学科的核心素养培养重点在于提高学生的兴趣和品质，培养学生的责任心和进取精神，提高学生的国家和民族认同感、民主与法治认同感和科学认同感，进而使学生养成良好的政治素养和心理品质。总之，核心素养是学生健康成长、终身发展的基础，它涉及学生知识能力、思想方法、思维方式以及人文素养的方方面面，与个体的生命意义和价值密切相关。培养学生的核心素养，可以使学生朝着与社会发展同步的方向不断前进，也意味着帮助学生找到了健康发展的路径和方法。

**二、通过初中道德与法治教育培养学生核心素养的方法**

**1. 革新教学理念，明确教学目标**

所谓学科核心素养培养，就是要通过学科教学使核心素养转化为学生素质。教育大计，思想先行。学校要全面落实党的教育方针，遵循学生成长规律和道德与法治课教学规律，大力弘扬中华民族优秀传统文化，同时结合社会主义核心价值观，将核心素养教育融入道德与法治课教学目标和过程中去。利用各种资源，统筹各方资源，以全科育人、全程育人、全员育人为目标，聚焦道德与法治课程改革的关键领域和主要环节，面向全体学生，通过社会主义核心价值观及优秀传统文化教育着力培养学生的道德情操。中学道德与法治课教师在教学中也要革新传统教学理念，树立开放教学理念，认真搜集各种信息，尤其是有利于培养学生核心素养的信息，引导学生关注社会，积极参加社会实践，目的是引导学生将所学知识与现实生活联系起来，学会从思想品德的视角去解释相关问题，以提高学生分析问题、解决问题的能力，进而提高学生的思想道德水平。

**2. 深化课程改革，推进学科融合**

道德与法治学科是立德树人的主要阵地，无论是对学生进行知识教育还是核心素养培养，都要以品德教学体系

为引领。鉴于此，各中学要把握住教学改革的有利时机，总结学校办学经验和道德与法治教学经验，调整道德与法治课程结构，以"追求卓越、以人为本"为办学理念，根据学生身心特点、发展需求，加强校本课程建设，并将许多课外知识应用到学科教学中去，以满足学生差异化需求，打好道德与法治学科教学基础。在此基础上，学校还要丰富道德与法治课程教学内容，借助道德与法治教育与其他人文学科的有效融合，打破学科界限，同时制定长期教学方案，力求将各个学科的核心素养转化为学生素质。为了检验道德与法治学科的教学成果，学校还要根据学科的教学方案完善教学评价体系，定期就道德与法治教学进行诊断和考评，然后结合师生评价和考核成绩查找学科漏洞，改善教学形式和方法，以提高学科教学效果，确保学生核心素养教育目标早日实现。

### 3. 狠抓课堂教学，创新教学方式

课堂是教学的重要环节，也是传授知识、培养人才的重要渠道。教学改革要狠抓课程建设，同样，学生核心素养的培养也要以课堂教学为引擎。过去，在道德与法治课教学中，受传统教学思想的影响，许多教师采用的都是填鸭式教学法，这在一定程度上影响了学生的学习热情，也不利于学生核心素养的培养。在教学改革浪潮的冲击下，许多新的教学理念、教学方法不断被提出，这对道德与法治课教学来说是一个有利时机。初中道德与法治教师要提高认识，积极进取，认真学习和借鉴其他教师优秀的教学方法，利用各种有效方法激发学生的学习兴趣，培养学生的核心素养。如在"珍惜资源，节约能源"专题教学中，

教师可以利用对话的形式层层设问、步步引导，对学生进行多角度启发，促使学生在明辨是非的过程中提高认识，树立正确的价值观。此外，教师还可以借助多媒体设备展示农村利用秸秆生产沼气的全过程，然后让学生结合生活案例，讨论节约能源的必要性。最后，让学生结合课堂教学主题，制作节能环保宣传页和倡议书，鼓励学生从小事做起，珍惜资源，节约能源，为建设资源节约型社会做出自己的贡献。

### 4.加强校园文化建设，优化校园环境

积极向上的校园文化，可以对学生起到熏陶和教化作用，还可以为道德与法治教学提供良好的环境。因此，在主抓课程建设和课堂教学的同时，学校还要加强校园文化建设，积极营造有利于培养学生核心素养的校园环境。具体来说，首先，学校要加强校园硬件设施建设，完善校园文体设施，优化校园环境。与此同时，学校还要完善校园文化建设基本准则，明确校园文化建设的科学性、教育性、艺术性、独立性和时代性，倡导人人参与、奋发向上的校园文化。同时利用校园制度汇聚群体凝聚力，规范学生言行举止，以实现建设绿色校园、书香校园、文化校园的目标，使学生在高雅舒适的校园环境中陶冶情操、不断进步。其次，学校要做好道德与法治宣传和教育工作，利用黑板报、校园广播、校报等大力宣传好人好事、道德典范，争取使道德与法治教育、文明教育渗透到校园的每个角落，使学生向先进看齐，向模范学习。再次，学校要给予学生会、学校团委等学生组织以大力支持，定期组织学生开展一些探究性、实践类、服务类的社团活动，以丰富学生的

课余生活，为学生展现自己提供宽阔的平台，通过社会实践磨炼学生的意志，激发学生的幸福感和责任感。

5.提高教师修养，强化教师担当

作为教学的组织者、管理者，教师在学生核心素养的培养中起着重要作用。教师法对教师的权利、义务、资格和任用都提出了明确要求，做出了严格规定，但是，从教学的角度来讲，如果一个教师仅仅在能力上满足了教师法的要求是远远是不够的。初中道德与法治课具有思想性、人文性、实践性等特点，虽说道德与法治教学是一个复杂而系统的体系，但是学生接触的知识、受到的影响主要来自教师。教师的言行举止、世界观和道德素养，都会给学生发展带来深远影响。要想成为一名称职的教师，首先，教师要加强师德修养，坚持正确的思想导向，注意自己的言行举止，做好每一个细节，同时用正确的价值观去引导学生、教育学生，以帮助学生形成正确的世界观。其次，教师要加强业务学习，不断提高个人业务素质，努力成为一个知识渊博的老师。再次，教师要与时俱进，摒弃权威思想，不断提高自己的沟通能力，掌握批评的艺术，努力增强自身的亲和力，积极融入学生中去，用爱去温暖学生。学生只有感受到教师的关爱、理解和尊重，才会爱学习、勤思考，才能不断进步。

综上所述，核心素养是学生核心知识、能力和素养的总和，培养学生的核心素养是初中道德与法治课教学的一个重要目标。因此，初中道德与法治课教师要立足于课程改革，创新道德与法治教学形式和方法，同时不断提高个人修养，积极引领学生关注社会、主动学习。唯其如此，才能实现道德与法治核心素养培养的目标，为学生长远发展打好基础。

# 基于未来教育背景下的思想政治学科教学模式探讨

新教材使用后，基于新教材的政治课堂必然要发生变化。学科教师正在聚焦思想政治学科核心素养，探索新型教学模式，发挥思想政治课育人功能，培养学生的学科核心素养。

## 一、走入生活的教学模式

思想政治教育的思想和观点来源于生活，也会因日常生活的改变而变化。如果脱离生活来讲思想政治教育，那将成为没有根基的盲目的教育，也就失去了其存在的合理性。思想政治课尽管在新课改的理念下，已经将与学生生活相关联的内容加入到教材中，但是相对于考查重点的理论知识，这部分内容所占的比重还是很小。而且很多教学内容与学生的生活实际毫无关联，学生很难理解和掌握，更无法运用到生活中解决实际问题。对此，就需要教师发挥主观能动性，帮助学生将理论知识内化到日常生活中去，将生活变为课堂，将课堂变为学生解决生活问题的场所。要持续地加强思想政治教育在日常实践活动中的趣味

性，要善于发现不仅拥有时代特质，且能与学生的日常生活有机结合的实践活动，做到寓教于实践之中，从而使学生的思想和观念在实践的过程中得到解放。

思想政治学科的内容及知识结构，对很多学生来说有很大的难度，接受起来比较困难，学生在学习的过程中也会因为知识的生涩难懂而产生厌倦。面对这种情况，思想政治课教师应根据教学内容将教学活动安排到实际的生活中，以提升学生的学习兴趣，从而提高他们的学习效率和学习质量。比如，部编版八年级上册"法律伴我成长"一课，教学内容刚刚涉及法律知识，很多内容对学生来说比较抽象和难以理解，传统的教学活动对学生的学习帮助不大，因此就可以根据所学内容设计教学活动，让学生在生活中接触法律知识，尝试运用法律解决问题。

生活是思想政治教育的土壤，要将思想政治教育融入日常生活的细节中，就需要抓住日常生活中出现的典型事例，并通过社会实践的方式对学生进行思想与价值观的教育。思想政治教育正是以生活为出发点，并与学习相结合，在细节上将思想政治教育深入到日常生活中的每一处。课堂教学中抓住知识重点，根据知识难点再结合生活实践提出问题，让学生主动进行探索，并从中获得知识，掌握技巧。要让学生了解知识形成的过程，让学生主动提出问题，并且找到解决问题的方法，学会解决生活中遇到的实际问题。我们还需要让社会各阶层、各团体都加入到思想政治学科教育的队伍中来，更好地使用各种社会资源，营造全员育人的教育环境。

**二、以学生为主体的教学模式**

思想政治学科的内容和其他学科相比，比较枯燥乏味，传统的思想政治课堂又多采用灌输式的教学方法，教师在学生学习中往往占据着主导的位置。这使得学生缺少学习的积极性和主动性，缺少自主思考和探究。因此，思想政治学科教师在开展教学活动时，应转变以往的教学模式和教学理念，开展以学生为主体的教学活动，鼓励学生进行自主学习，以此发挥学生的创造性，使学生真正地掌握知识并且运用知识。学生从课内到课外始终处于积极主动、自觉参与的学习氛围中，可以促进其自主学习能力的提高。

教师应该帮助学生学会自主学习，让学生掌握自主学习的方法，并能够主动地去获取知识。在教学过程中，教师应该引导学生掌握对知识探究的思路，让学生由"学会"转向"会学"。以学生为主体的学习模式并不意味着教师在学习过程中无须发挥作用，相反，为了让学生更加高效地自主学习，教师应该更充分地发挥自身的教育价值，积极引导学生进行自主学习，做好教学活动的引领者。比如，采用任务单式教学方法，即设计学生感兴趣的话题及与教学重点内容相关的问题，让学生在课前进行自主探究，引导学生自主学习的方向，以免学生将时间浪费在无关的内容上，以此达到积极调动学生自主学习的目的，充分发挥课堂教学资源的作用。

为了更好地将被动学习转向主动学习，任务单设计对教师是一种考验，通过设计怎样的任务能让学生自主学习、深入理解教学内容，是教师需要解决的关键问题。教师应该尽可能设计一些开放性的、多层次多角度的问题，并且

给学生足够的空间和时间，让他们去思考、去分析、去探究、去验证、去发现，去合作学习，在自主探索中学习。教师要摆脱传统的教学方法，设计出难易程度不同的问题，使学生在教师创设的问题中自主学习，这不仅让学生学到了新的知识，也能够使其在自主学习的过程中发散思维。教师要给学生足够的空间去思考问题，去合作探究，鼓励学生勇于提出新的思路和见解。

### 三、以演代学的戏剧教学模式

随着科技的发展，信息的传递越来越便利，学生对于新鲜事物和娱乐消息的关注度要远远高于晦涩难懂的知识，学生追剧和打游戏的积极性要高于参与教师苦心琢磨的教学活动的热情。面对这样的情况，思想政治课堂必须寻找新的教学模式来改变现在的局面。

教育戏剧最早起源于西方国家，近些年在我国也开始受到关注。教育戏剧通过将戏剧元素应用于实际教学活动，从而达到教学目的和效果。教育戏剧的关键并不在于表演形式和表演人数，而在于表演的过程和学生对角色的塑造。以演代学的戏剧教学模式从表面来看，是学生选择不同的角色进行表演，塑造剧本中的人物，从深层次来说，其实是让学生在演绎各自角色的基础上，站在角色本身来思考问题，从而能够将学习到的知识运用到生活中去解决实际问题。

未来的思政课应该鼓励学生积极在课上参加戏剧活动，在课外也应该开展丰富多彩的戏剧演出活动。不仅仅是让学生表演戏剧，编排已有的戏剧文本，自导自演；更应该让学生去创造戏剧，组织学生自编自导自演，在创造和表演的过程中，发现问题并解决问题。如讲到法治专题，教师可以借助"模拟法庭"的形式锻炼学生的判断、表达、反应能力，借助教育戏剧形式和技巧让学生通过故事编排、扮演体验角色。为了使思政课的戏剧活动成为常态，学校还可以进一步加大宣传力度，提供演出条件，鼓励学生积极参与其中。教育戏剧产生的教学效果是多元化的，不仅包含对知识的认知和理解，也包括对问题的探索和研究，还有落实在行动中的态度转变，从而培养学生的核心素养。

习近平总书记在学校思想政治理论课教师座谈会上的讲话指出，思想政治理论课是落实立德树人根本任务的关键课程。办好思想政治理论课关键在教师。作为思想政治课教师，我们一定要发挥积极性、主动性和创造性，在未来不断改进教学模式，提高思想政治课育人的实效。

# 基于高中思想政治课堂的创新教学方法策略分析

## 一、高中政治课程学习对学生的影响和意义

高中政治课程是高中课程系统中重要的组成部分，它是衡量学生个人基本素养的重要标尺，也是高考必考科目之一，对学生来说，学好政治课十分必要。

高中政治课包括经济生活、政治生活、文化生活和生活与哲学四个必修板块，这四个板块互相结合，几乎涵盖了人们日常生活的全部领域。因此，学好政治是高中生认识和了解社会的一条有效而简便的途径。

高中生正处于世界观、人生观和价值观形成的黄金时期，在这一时期引导高中生树立正确的世界观、人生观和价值观十分必要。高中政治课程的"经济生活"部分可以帮助学生了解基本的经济知识和规律，更好地认识和理解经济现象，提升对我国经济制度的认同感；"政治生活"部分的学习可以帮助学生认识和了解我国以及其他国家的基本政治制度和理念，增强对社会主义制度的信心；"文化生活"部分的学习可以帮助学生从宏观上把握和认识各种文化的特征及不同文化间的交流与碰撞，增强对中华文化和社会主义核心价值观的自信；"生活与哲学"部分的学习可以帮助学生正确看待生活中的各种事物与现象，从而树立正确的世界观、人生观和价值观。

**二、高中政治课堂中存在的问题及现状**

　　《普通高中思想政治课程标准（2005年版）》在全国全面实施以来，高中政治课程的改革已经取得了很大进展，但在课堂教学过程中依然存在如下问题。

　　**1. 教育观念落后**

　　一些教师缺乏对课程改革的了解与重视，对课堂教学改革的要求也未做到心中有数，禁锢于传统讲授式课堂的教学理念与程式，使得教学效果并不显著。这种故步自封的教育方式和现象或是由于教师为了提高升学率而应付高考，或是由于教师对传统和权威的依赖与满足等原因，使教师不愿做出改变。

　　**2. 教学方式单一**

　　传统的授课模式提倡以教师为中心，注重教师的作用，一味采用教师在上面讲述、学生在下面听课以及奋笔疾书的教学方式。这种授课模式忽视了学生在学习中的主体作用，没有正确认清师生之间各自的角色和在教学过程中的地位与作用。另一种现象是，一些教师过度发挥学生的主体作用，学生在课堂上过分活跃，导致课堂秩序失控，教师往往无法顺利完成教学任务。

此外，很多教师过分依赖教材，对教材只是照本宣科式地运用，没有对教材进行创新。

### 3. 课堂互动少，气氛不活跃

讲授式课堂往往是教师在整节课中一直讲解，学生不发一言或很少发言提问，师生间的交流很少，而有效沟通的缺失使教师无法及时了解学生的学习效果以便及时帮助学生查漏补缺，也使得教学内容缺乏重点。而且，在传统授课模式的长期影响下，学生往往沉默寡言，经常出现教师提问却无人回答的局面。

### 4. 作业形式单一

传统的作业布置都是教师"一刀切"，而且多是文字表达或课文背诵，形式比较单一，学生难免感到厌倦。这种作业形式不仅不利于学生自主思考能力的提升和视野的开阔，还会在很大程度上遏制学生的创新意识和能力。

## 三、关于高中政治课堂中教学方法创新的探究与分析

### 1. 要改变传统的教学观念，树立以学生为中心的教学理念

对此，教师要认真贯彻落实课程标准对高中政治课堂

改革的要求，学习先进的教学方法和理念，并经常与其他教师交流教学经验和心得。

**2. 改变单一的教学方式，实施多元化教学方式**

可采用多媒体教学、学生讲解部分知识以及情境式教学等，充分发挥和体现学生的主体地位和作用。

**3. 互动教学**

上课时，教师要打破一讲到底的教学模式，活跃课堂气氛，多把问题留给学生思考，不同难度的问题让不同程度的学生来回答，增强学生对学习的信心。教师及时帮助学生查漏补缺，提高教学效率。

**4. 在布置作业方面，除学科要求外，教师要多征求学生意见，采用灵活的作业模式**

布置一些课外兴趣类和感想发言类的作业，一方面可以培养学生的兴趣，丰富学生的生活和学习；另一方面也可以提高学生的创新能力和表达欲望，建立良好的师生关系。

近年来，随着教育制度改革的深入推进，高中政治课堂的改革也取得了显著成效，但发展是一个过程，高中政治课堂教学中依然存在一些问题，需要广大师生共同努力来解决。对于这些问题，社会各界都应共同关注并参与进来，尤其是教师和学生。作为教学过程中的两大主体，学生应积极主动地配合教师教学，积极思考，发挥自身的主体作用；教师应改变教学方式，采用灵活多样的教学方法，多与其他教师交流，学习先进的教学理念和策略，尊重学生的主体地位，发挥自身的主导作用，引导高中生上好政治课，用好政治知识，树立正确的世界观、人生观和价值观。

# 思政课一体化教学篇

2019年3月18日，习近平总书记在学校思想政治理论课教师座谈会上强调指出，"要把统筹推进大中小学思政课一体化建设作为一项重要工程，推动思政课建设内涵式发展"。因而，把握大中小学思政课一体化的现状及问题，探索吉林省大中小学思政课一体化的动力与要求，无论对于大中小学思政课一体化建设，还是发挥思政课落实立德树人根本任务以及提高思政课的教学实效，都具有重要意义。

2019年8月，中共中央办公厅、国务院办公厅印发的《关于深化新时代学校思想政治理论课改革创新的若干意见》指出，"大中小学思政课一体化建设需要深化"，要"统筹大中小学思政课一体化建设"。而深化首先就要面对现实，要以现实为基础进行深化。只有明确现实是怎样的现状和水平，有怎样的问题和不足，才能使深化有明确的方向和具体的举措。大中小学思政课一体化建设在整体布局上，实现由低向高的循序渐进和螺旋上升，这既包括同一学段内的横向内容呈现，也包括纵向不同学段之间的内容安排。当前，思政课一体化建设得到国家政策的大力支持。习近平总书记在学校思想政治理论课教师座谈会上发表的重要讲话，足以证明党和国家推动思政课建设内涵式发展、全面提升学生思想政治理论素养的决心和信心。

但反观实际的课堂教学，发现其仍然存在一些普遍性、共识性的问题。

目前尚没有形成一个课程内容一体化建设的平台和机制，思政课课程内容存在重复、断层、内容倒置等现象。所以，构建大中小学思政课一体化十分必要且非常重要。

# 基于"一体化"背景下的思政课教法与学法研究

思政课一体化是指全面整合教育资源，实现教学改革的一体化，构建一体化师资队伍，使思政理论与现代网络技术紧密连接，不断突出思政教学特色。在这一背景下，中学思政教师要深入理解中学思政统编教材，不断创新教学手段，以学生为思政教学的主体，提高教学质量和学生学习效率。在具体教学过程中，教师应有效分析优质案例，充分发挥统编教材的作用，为学生的思政学习打下良好基础。

## 一、一体化背景下思政统编教材教法与学法研究的重要性

### 1. 教学任务的目标要求

中学思政课教学的主要目的是让学生形成良好的思想政治意识，对政治产生认同感，培养学生成为高素质、全方面发展的社会主义接班人。在一体化背景下，深入研究中学思政课统编教材的教法与学法，是思政课教学任务的具体需求，是目标实现的要求。在研究过程中，思政教师

一定要从教学实际和中学生的成长特点出发，不断提升学生的政治素养，培养学生对社会主义的认同感，帮助学生打下坚不可摧的政治思想基础，促进学生的全面发展。

2. 对中学思政课程内容的基本整合

在教学过程中，要贯彻习近平新时代中国特色社会主义思想。中学思政课是一门综合性课程，符合一体化需求，研究一体化背景下思政统编教材的教法与学法，是对中学思政课程内容的基本整合。学生可以通过对这门课程的学习，培养自身的综合素养，符合中国特色社会主义现代化建设的需要。

## 二、中学思政课统编教材的"教法"研究

### 1. 根据教材内容，创设教学情境

在中学思政课教学中，学生是主体，教育和教学需要在思政统编教材的基础上，以学生为中心展开教学研究。在教学过程中，教师应创新教学手段，使学生深入理解中学思政课的教学内容，让学生具备质疑能力和反思能力，培养学生独立思考的能力，教师在这一过程中，扮演好引导者、合作者的角色，为学生搭建学习的"舞台"。在具体操作时，教师以思政课统编教材为教学前提，尝试用创设教学情境的方法，实现中学思政教学的一体化。以思政课堂教学为出发点，也以其为落脚点，有效开展情境教学，使教材知识得以充分发挥。例如，教师可以根据教材内容，要求学生进行角色扮演，丰富学生的情感体验，从而使中学生深入理解教材知识，调动学生学习的积极性，使学生主动投入到思政课探究中，促进学生综合能力的提升。

### 2. 根据教材内容，丰富教学形式

在传统中学思政课教学中，教师的教学方式比较单一，只是单纯地对教材进行复述，教师对教材内容的提炼不够深入。在这种状态下，中学思政教学无法实现一体化，学生也提不起学习兴趣，导致中学思政课的教学效率不能有效提升。在新时代教学一体化的背景下，教师可以根据思政教材内容，融入多样化的教学手段，激发学生学习兴趣，帮助学生树立正确的世界观、人生观和价值观，培养学生的核心素养。例如，教师可以利用多媒体展开中学思政教学，利用视频、音频以及图片相结合的优势，拓展中学思政课统编教材内容，开阔学生的眼界。通过利用多媒体技术，将统编教材的政治性根基落到实处，寓教于乐，使学生主动参与教学活动，培养学生自主学习的能力。

### 3. 根据教材内容，与时俱进地展开教学研究

中学思政统编教材是具有时代性和阶段性特征的，教师要明确这一点，从对学生进行思政素质培养的角度出发，与时俱进地进行教学。如今时代发展迅速，每天都在变化，教师作为中学思政教育者，要具备捕捉信息的能力，在教学过程中，利用有效手段，在对教材内容进行深层次解读后，为学生做好知识拓展，使教学跟上时代发展的步伐。中学思政课相对于其他学科而言，有一个特殊的特征，就是知识点是随着时代的变化而变化的，教师需要把握当下实时热点内容，并让学生有所了解，从而升华学生的政治思想。例如，在中学思政课教学中，在学习到我国进出口贸易的相关知识时，教师可以利用高效的互联网资源，为学生搜集实时热点。比如，我国决定设立 10 个进口贸易创

新示范区，示范区覆盖了我国中西部和东北地区，等等，让学生了解最新内容，实现与时俱进的教学。

### 三、中学思政课统编教材的"学法"研究

#### 1.学生要主动学习，有效理解思政统编教材内容

统编教材是学生学习思想政治知识的必备资料，只有充分掌握教材内容，才能够有效理解"思想"与"政治"，进而形成良好的道德与思想。根据相关规定，中学思政教材的编写需要着眼于学生的综合发展，围绕培养学生的核心素养展开，并严格遵守学生的成长规律。因此，学生在学习过程中，可以按照教师的引导，通过阅读的方式，充分了解并掌握教材的核心内容。这种阅读对于学生来说，是非常必要的，是学生有效进行课堂学习的前提条件。教师可以给学生做好辅助，利用思维导图的形式，帮助学生做好教材核心内容知识框架的串联，让学生循着知识框架，通读思政统编教材的核心内容。学生在学习过程中，需要高效地厘清教材逻辑结构，整理好教材知识，只是机械地记忆教材知识点，学习成绩是难以提高的。在中学思政课学习的初始阶段，教师就要培养学生整理教材知识框架的能力，以便于学生后期更好地投入思想政治学习，充分实现中学思政教学的一体化。

#### 2.利用统编教材内容，学会解决生活实际问题

在中学思政课教学中，统编教材为学生的探究性学习提供了重要依据，统编教材是学生运用思想政治知识解决生活实际问题的理论支撑。学生要想有效学习思想政治知识，就要根据教师创设的问题情境，积极主动地去探究，

理解思想政治学习在现实生活中的价值，通过深层次挖掘教材，发现解决问题的方式，形成基础性认识，然后再重新回到教材中，体会教材内容。例如，针对"要一桶鱼还是要钓鱼工具"这个问题，教师可以让学生自行讨论，讨论后回到教材中，对教材进行通读，找到适合的解决问题的方法，得出有效结论：绝不能忽视持续发展。教材学习与实际问题相结合，能够使学生更好地把握和运用教材内容。

### 3. 主动投入教材研究，提高自主学习能力

在培养学生自主学习能力时，首先，教师要起到良好的引导作用，利用趣味性教学手段，使学生积极主动地投入教材研究中。教师可以利用情境创设法、多媒体技术教学法等，激发学生的学习兴趣。其次，学生一定要理解思政课教学的重要意义：要想形成良好的思想，为中国特色社会主义贡献自己的力量，就一定要在中学阶段打下良好的思想政治学习基础，树立正确的世界观、人生观和价值观。学生在具体学习中，要具备良好的自控能力，根据自己的理解，主动投入到思政教材的研究中，同时，在教师的帮助下，用自己的方式主动学习，锻炼并提升自身自主学习的能力。

总而言之，在一体化教学背景下，统编教材的重要性在不断凸显。因此要想更好地展开中学思政教育，思政研究的"教法"与"学法"都要与时俱进，不断创新，使教材充分发挥作用，教与学有效融合，促进学生的全面发展。

# 关于大中小学思政课一体化建设实施原则的探析

2019年3月18日,习近平总书记在北京主持召开学校思想政治理论课教师座谈会上指出,"在大中小学循序渐进、螺旋上升地开设思想政治理论课非常必要,是培养一代又一代社会主义建设者和接班人的重要保障"。下面笔者就从三个方面谈谈实现大中小学思政课一体化应遵循的基本原则。

**一、政治性原则**

经济全球化、政治多极化、文化多样化俨然已经成为当今社会的基本特征,中国作为世界各国广泛关注的国家之一,在经济、政治和文化上都取得了卓越的成绩。我们积极主张并一直倡导各民族文化平等,但文化霸权主义依然存在,文化领域的国际渗透仍是"西化"和"分化"。所以我们必须牢牢掌握意识形态的领导权,而这对于大中小学的学生而言,都是应该适时进行教育的,所以大中小学的思政课课堂教学中如何教好人、育好人,不仅是知识性的问题,更是重大的政治性问题。从这个意义上讲,政治性原则是大中小学思政课一体化建设的根本原则,坚持为立德树人这个根本任务服务。构建大中小学思政课一体化就要把握好思政课和立德树人之间的内在关系与逻辑结构,只有将立德树人这一育人理念完全地融入

思想政治理论课程中,才能真正体现思想政治课的德育功能和政治功能。

**二、有序性原则**

**1. 小学思政课应该培养的意识**

在我国,小学阶段目前设置六个年级,跨度比较大,所以小学阶段也经常划分为小学低年段和小学高年段两个阶段,但它们的共性都集中体现在观察注意力、记忆思维、自我意识等方面,其个性表现在由于性别、年龄、家庭等呈现出来的不平衡性。这启示我们的思政课教师,在课堂教学中不能"一刀切",而要具体问题具体分析,同时还要注意各阶段间的衔接和过渡。在小学思政课教学或课程安排上,应尽量培养学生的诚信、规则、家庭、英雄等意识。对于规则意识,拿排队打比方,小学生形成规则意识,对其成长以及对将来走向社会都十分重要。英雄意识,何为英雄?英雄就是非凡出众的人物,指见解、才能超群出众或领导群众的人。培养英雄意识应该从小学做起。现在的小学生认识很多卡通片、影视片里虚构的英雄人物,而忘记或根本不知道我们现实中的英雄人物,我们伟大的革命导师、革命先烈经常被遗忘,这对于我们"培养什么样的人,为谁培养人"都是一种障碍,所以要让小学生从小就有英雄的概念,尤其是要记住缔造和发展我们伟大祖国的英雄。

**2. 初中思政课应该培养的意识**

初中阶段的学生,情感变得相对丰富而深刻,但有时不能自控。这个时期是培养学生集体意识、生命意识、民族意识、法治意识的最佳时机，也是开发学生经济思维、文化思维的有利时机。按照这个原则，初中思政课略难了一些。

### 3. 高中思政课应该培养的意识

高中阶段的学生，身心发展进一步增强，处于意识形成的关键时期，学生关注社会的能力大大增强，逻辑思维能力和独立判断能力也明显增强，但易出现失衡状态，这个时期加强对学生政治意识、文化意识、经济意识、社会意识、哲学思维能力的培养都是至关重要的。现行人教版新教材对于体现这些方面的意识和能力还是比较恰当的。

### 4. 大学思政课应该培养的意识

大学思政课对培养大学生的担当意识、家国情怀、政治认同、实业报国、国际视野都责无旁贷，但现行大学思政课与高中思政课的内容还有很多重复的地方，没有真正体现出大学生应有的意识，所以大学思政课程内容的改革也应提上日程，根据学生认知特点、情感需要、知识储备等进行课程体系建设。

## 三、整体性原则

大中小学思政课一体化是一个系统的工程，不应该被分割，更不应该被胡乱地混作一团，而要以合理的结构和顺序进行有效衔接，进而达到内部结构的优化。我认为，实现大中小学思政课"学段能相通，学段又各异；一脉能相承，薪火能相传"是大中小学思政课一体化建设的理想目标。所以，各学段要统一起来，有系列化的课程标准、

教学指南、评价体系,这样才能使这门课程从小学到大学,成为一门既科学、又能陪伴学生成长的学科。

# 思政课一体化"爱我国旗"主题教育课教学设计

**一、教育主题**

爱我国旗。

**二、设计理念**

高中生有一定的社会生活经验及政治生活知识和观点的储备,但社会阅历尚浅,在对时政热点进行理解时容易产生偏颇甚至错误,基于这些主客观原因,我们通过开设专门的主题时事新闻课,以课程形式将时政热点的分析解读制度化、规范化、长效化,帮助青年学生树立正确的三观。

**三、教育目标**

1. 核心素养目标

培养学生的科学精神和法治意识;增强学生对祖国的热爱,强化政治认同。

2. 知识目标

知道国旗的象征意义,了解国旗法的修改内容。

3. 能力目标

通过对时政热点问题的分析,使学生提高辨析问题、正确全面看待事物、具体问题具体分析的能力。

**4. 情感、态度、价值观目标**

通过分析讨论，使学生加深对国旗的认识，树立理性爱国的理念。

## 四、教育形式

本课以时事新闻课为教育形式，以时事新闻作为背景，通过对相关时事新闻内容或观点的解读与深入分析、探讨，引导学生明确国旗的内涵、意义，特别是国旗所代表的国家尊严、国家荣誉等。

## 五、活动过程

1. 确立主题：爱我国旗（国旗永远在心中）

2. 课程形式：时事新闻课

主持人负责话题的引导，学生进行话题的分析，专家老师进行深层次问题的解读和对学生观点的评析。

3. 确立具体时政议题

（1）由电影《夺冠》说起……

（2）话说国旗感受……

（3）辨析：生活中有些人对待国旗的看法……

（4）专家老师解答……

4. 播放两段视频："女排获得世界杯冠军升旗画面"和"国旗法修改"，以配合相关议题的开展

## 六、教育效果预估

高中生好奇、热情，接受能力强，但是认识事物不够

全面、深入，而时事新闻课恰好能有效解决相关问题。可预见的教育效果有如下几个：解决高中生的困惑；提升高中生的思想认识水平和有效解决社会实际问题的能力；坚持政治性和学理性相结合，将爱国主义教育内化于心、外化于行。

# 思政课一体化课例篇

如何发挥好思政课的德育功能，如何实现大中小学思政课一体化，我的研究团队申报并承担了吉林省规划课题"'十四五'时期吉林省大中小学思政课一体化建设研究"，此课题后来被认定为吉林省重大课题。此课题研究人员系统地梳理了大中小学思政课的结合点，对课程标准有了较清晰的判断后，又对教材进行了重新编排，形成了有利于一体化实施的结合点。为了验证一体化的功能，团队在大学、高中、初中、小学分别进行了课例实践，对比研究，同一个话题在不同学段怎样去讲，怎样去实现它的德育功能；同时，各学段老师要明确自己任教学段与其他学段的差别，讲授要符合本年龄段的特点，不要讲得太深，也不要讲得过于肤浅，这样才能真正衔接得好，真正实现思政课一体化。

【课例主线】

树立法治意识。

【课例背景】

以新型冠状病毒肺炎疫情为背景。

【课程标准】

"小学（思政课）课程标准"相关要求：有初步的自我保护意识和能力；了解天气、季节变化对生活的影响，学会

照顾自己；了解儿童易发疾病的有关知识，积极参加预防疾病的活动；遵守规则，注意安全；了解当地多发的自然灾害的有关知识，知道在紧急情况下的逃生或求助方法。

"初中（思政课）课程标准"相关要求：知道法律是由国家制定或认可、由国家强制力保证实施的一种特殊行为规范；理解我国公民在法律面前一律平等；理解权利与义务的关系，学会尊重他人的权利，履行自己的义务；知道每个人在人格和法律地位上都是平等的，做到平等待人，不凌弱欺生，不以家境、身体、智能、性别等方面的差异而自傲或自卑，不歧视他人，富有正义感。

"高中（思政课）课程标准"相关要求：以党的领导、人民当家作主、依法治国有机统一为主线，讲述党的领导是人民当家作主和依法治国的根本保证，人民当家作主是社会主义民主政治的本质特征，依法治国是党领导人民治理国家的基本方式，奠定学生政治立场与法治思维的基础。

"大学（思政课）课程标准"相关要求：全面把握社会主义法律本质、运行和体系，理解中国特色社会主义法治体系和法治道路的精髓，增强法治意识，养成法治思维，更好行使法律权利，履行法律义务，做到尊法学法守法用法，具备优秀的法律素养，为成长为全面发展的社会主义事业合格建设者和可靠接班人打下扎实的法律基础。

【课例目录】

课例一　美好生活规则同行（小学）

课例二　生活处处需要法律（初中）

课例三　践行自由平等追求（初中）

课例四　权利与义务相统一（初中）

课例五　积极推进全民守法（高中）

课例六　科学立法　依法防疫（大学）

【课例文本】

# 课例一　美好生活规则同行

◆课程标准说明

自觉遵守公共秩序，注意公共安全，做讲文明有教养的人。

◆核心素养体现

1. 规则意识：知道规则和秩序的重要意义，懂得遵守秩序的重要性，从而增强规则意识。

2. 自律能力：懂得约束自己的行为，培养自律能力。

◆教学指南

可以通过列举案例，理解制定规则的重要意义，懂得破坏规则和秩序无论在集体层面还是个人层面都会产生消极恶劣的影响；列举因为违反公共秩序造成严重影响的案例，感受制度的平等、严明和神圣；可以通过学生活动，进一步引导学生自觉遵守制度，懂得自律。

◆教法学法

〖导入新课〗

游戏导入：

这节课，老师想挑战一下班级的下棋高手，请他来和我下一盘棋。（教师随意落子）请同学们想一想，为什么

这盘棋无法进行下去了。

破坏了规则，让游戏无法继续，无法判断比赛结果，可能还会引起双方的争执，如果要保证游戏的顺利进行，就需要制定详细的游戏规则，游戏参与者要依照规则参与游戏。

除了游戏中的规则是必要的，生活中的其他规则是不是也必须存在呢？我们今天就一起学习"美好生活规则同行"。

〖讲授新课〗

一、制定规则具有重要意义

学生活动一：小组探究。

除了游戏规则，我们在生活中还有哪些规则？请同学们尽可能多地列举。

学生发言。

同学们列举了这么多的内容，你发现了什么？

请学生发言。

小结：生活中时时处处都有规则，它在不同的领域指导和规范着我们的生活。

学生活动二：小组探究。

下面我们就具体了解一下这些规则，就从我们班级里的规则开始说起吧。我们班有哪些规则呢？

学生发言。

这些规则规范了我们哪些方面的行为？

能给它们分分类吗？这些规则都制约了我们哪些方面的行为？

通过分类我们发现，班规包含了我们在学校生活的很多方面的内容，它规范和指导着我们的班级生活，是我们行为的准则和标尺。

二、知道违反规则需要承担后果，进一步增强规则意识

学生活动：情境探究。

我们班的班规制定得很周详和细致，老师刚刚从同学的介绍中了解到，我们班的班规对课堂纪律有规定，要求课上不随意讲话，可是刚才在同学发言时，就出现了两位同学随意讲话的现象。班规中还提到了要保持地面整洁，那我们来检查一下，个别同学所在的地面上还有一些废纸团。还有一些同学在公共区域随意涂鸦。我们制定了班规，可是，仍然没有解决这些问题。

针对这些现象，你有什么好建议呢？怎样督促同学们把班规执行得更彻底呢？

学生自由发言。

我们再来看看四年一班的同学是怎么做的。

小结：班级的班规保障了每一个人都能有安全、愉快的集体生活，也保障了我们的集体处于和谐有序的状态。班规的执行，需要有相应的制度来维护。那些随意、自我、视班规于不顾的行为遭到了大家的抵触。破坏规则的同学也将接受相应的惩罚。

教师讲授：

国有国法，家有家规。不同范围的人群都有不同的规则制约，比如《中华人民共和国道路交通安全法》就是负责管理交通问题的法律。让我们走出班级，来到马路上，一起来看看吧。

比如……

他们的行为会对交通环境产生哪些影响呢？

不仅如此，再来看一份材料。

材料：交通事故数据。

小结：无视规则，不仅削弱了整个城市乃至国家的文明程度，而且违反规则、破坏社会秩序的行为，也将受到舆论和道德的谴责，还有可能触犯法律，要接受法律的制裁，甚至还可能付出生命的代价。规则的边界不容触碰，侥幸心理害人害己，偶尔一次放松警惕犯下的错误，可能永远也没有机会弥补。

三、懂得遵守社会公共秩序，培养自律意识

生活中很多事情要求我们必须以严谨认真的态度、坚定不移的决心和必胜的信心来面对。比如，正席卷全球的新冠肺炎疫情。

材料：视频《武汉按下暂停键》。

视频把我们带回到了疫情刚刚发生的时候，中国、武汉，成了全世界关注的焦点，大家都想看看中国将如何走出灾难，走出逆境。

材料：自律视频。

〖本课小结〗

同学们，2020年的这个开局不一般，我们共同遭遇了新冠肺炎疫情的考验，正如视频所描述，灾难面前，自律成了一把锋利的宝剑，帮助我们一点一点地驱赶疫情。想一想，在这期间，你做了什么——自觉隔离，主动洗手，出门戴口罩，克服贪玩的心理自觉上网课。当你做这些的时候是不是有一些不耐烦和不情愿？但此时此刻，学完本节课，看完这些视频，你是否又在为自己遵守规则和保持自律的行为感到骄傲呢？

希望通过今天的学习，同学们能够真正认识到规则存在的必要性，能够自觉遵守规则，成为一个文明有礼、自觉自律、品德高尚的有志少年。

（本课例提供者：杨冰）

## 课例二　生活处处需要法律

◆课程标准说明

知道法律是由国家制定或认可、由国家强制力保证实施的一种特殊行为规范。理解我国公民在法律面前一律平等。

◆核心素养体现

1. 法治意识：通过学习法律与生活息息相关，了解法律是应生活需要而制定和颁布的，又对生活加以规范和调整；在法律范围内享受、捍卫权利，自觉履行义务；培养"法治观念"。

2. 公共参与：法律已经嵌入生活的方方面面，可以解决生活中的矛盾纠纷，保障社会和谐有序；可以让公民预测自己行为的后果，规范自身行为，培养公共参与精神。

◆教学指南

可通过疫情期间发生的公民不理解甚至反抗社区封闭管理行为的案例，引出虽然在特殊时期，法律依然在保障我们的生活，进而思考法律与生活具有怎样的关系、与我

## 第三辑 立足课堂教学 讲好学科故事

们每个人具有怎样的关系;通过视频资料《"我"的一天》探讨与家庭生活、学校生活、社会生活密切相关的法律,明确生活与法律息息相关;同时,通过生活场景中的行为理解法律已经深深嵌入生活的方方面面,法律不仅服务当下,而且指向未来,并通过生活内容与相关法律连线活动,分享对生活与法律息息相关的感悟,探讨哪些片段内容是我们的"权利",哪些是我们的"义务",我们是否可以只享受权利不履行义务?最后通过视频资料《法律伴我们一生》,理解人从出生、上学、工作、结婚到变老的整个人生过程,都与法律密不可分,我们要正确享受权利,积极履行义务。

◆教法学法

〔导入新课〕

疫情期间,张女士所在的北京某小区实施封闭管理,居民需要持出入证进出社区,且必须测量体温。外地返京的居民,还需联系社区自行居家隔离14天。同时,该小区不允许外卖、快递进出。但张女士不愿意配合社区管理,认为社区无权对他们进行隔离,封闭管理给她的出行、生活起居等造成很多不便,甚至屡屡投诉其权利遭到诸多限制。疫情期间执行小区封闭管理是否有法律依据?《中华人民共和国传染病防治法》规定,传染病暴发、流行时,必要时可以采取封闭可能造成传染病扩散的场所等紧急措施。那么,法律与我们的生活具有怎样的关系,与我们每个人的人生又有怎样的联系呢?我们共同走进本课"生活处处需要法律"。

169

〖讲授新课〗

一、生活需要法律

情境探究：为什么生活需要法律？

播放视频：《"我"的一天》。

思考：

1. 你能说说"我"一天的生活涉及哪些与我们生活密切相关的法律吗？试举例说明。

2. 早餐店老板为什么不通过偷工减料或用劣质的原材料制作早餐卖给"我"呢？这样不是更挣钱吗？

学生活动：思考视频中的行为涉及的法律法规，并尝试解释早餐店老板不偷工减料的原因。

教师活动：点评学生的答案并补充完整。

结论一：

我们在生活中形成的各种社会关系以及产生的矛盾和纠纷，不仅需要依靠道德、亲情、友情来协调，还需要法律来调整。每一部法律都是应生活的需要而制定和颁布的，又对生活加以规范和调整。我们的生活与法律息息相关。

二、法律嵌入生活

探究思考一：

交房租、抚养小孩、赡养老人……

思考：

上述行为都是自觉的吗？有人认为，只要不违法犯罪、不惹上官司，法律就离自己的生活很遥远。你赞成这一观点吗？

学生活动：结合图片思考，仅依靠道德、亲情、友情

能否解决上述行为引发的矛盾,并阐明观点,说出理由。

教师活动:点评学生的答案并补充完整。

结论二:

法律作为一种行为规范,已经逐渐转化为人们的自觉行为,并深深嵌入我们的生活之中。法律可以解决生活中的矛盾纠纷,保障社会和谐有序;法律可以让公民预测自己行为的后果,规范自己的行为。因此,法律不仅服务于人们的当前生活,而且指导着人们未来的生活。

探究思考二:

动手连线。将下列内容与对应法律连接起来。

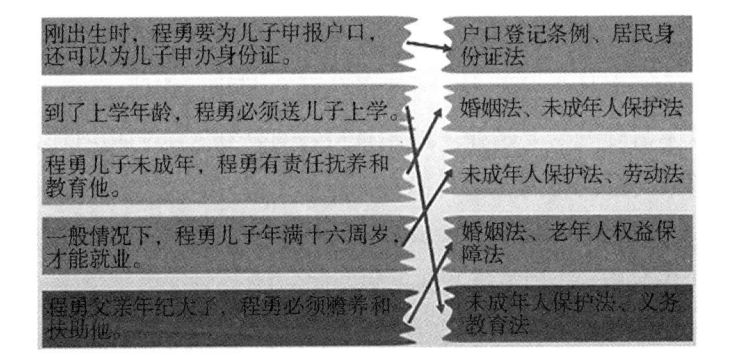

| 内容 | 对应法律 |
| --- | --- |
| 刚出生时,程勇要为儿子申报户口,还可以为儿子申办身份证。 | 户口登记条例、居民身份证法 |
| 到了上学年龄,程勇必须送儿子上学。 | 婚姻法、未成年人保护法 |
| 程勇儿子未成年,程勇有责任抚养和教育他。 | 未成年人保护法、劳动法 |
| 一般情况下,程勇儿子年满十六周岁才能就业。 | 婚姻法、老年人权益保障法 |
| 程勇父亲年纪大了,程勇必须赡养和扶助他。 | 未成年人保护法、义务教育法 |

思考:上述内容哪些是我们的权利?哪些是我们的义务?我们是否可以只享受权利不履行义务,为什么?

学生活动:将内容与对应法律连线,区分哪些属于权利,哪些属于义务,并阐明是否可以只享受权利不履行义务。

教师活动:点评学生的答案并补充完整。

三、法律伴我一生

理解感悟:法律与我们每个人一生有怎样的联系?

播放视频:《法律伴我们一生》。

学生活动:观看视频,感受从我们出生、上学、工作、结婚到变老的整个人生过程，都与法律密不可分。

教师活动：引导学生理解法律与每个人的关系。

结论三：

在法律规定的范围内活动，我们便拥有了自由生存的空间。正确行使权利，获得合法利益，通过法律捍卫自己的权利，也有利于营造更加和谐的社会环境，使人的全面发展更有保障。法律规定的权利和义务为我们每个人提供了自由生存和发展的空间。

〖本课小结〗

每一部法律都是应生活的需要而制定和颁布的，又对生活加以规范和调整。同时，法律不仅服务于人们的当前生活，而且指导着人们未来的生活，与我们相伴一生，所以生活处处需要法律。原始社会没有法律，人们用习惯来约束自己的行为，靠人们自觉自愿来遵守。那么法律是如何产生的呢？依法对国家和社会事务进行治理又具有怎样的意义呢？我们下一节课再来共同探讨。

（本课例提供者：刘文佳）

## 课例三 践行自由平等追求

◆课程标准说明

分析、落实自由平等追求，增强公民意识，辩证认识和理解社会矛盾，知道每个人在人格和法律地位上都是平等的，做到平等待人，不凌弱欺生，不歧视他人，富有正义感，学会依法行使自己的权利。

第三辑　立足课堂教学　讲好学科故事

◆核心素养体现

1.法治意识：通过学习法律与生活的关系，让同学们感受到遵守法律，才能实现自由平等的道理，也才能在法律范围内享受、捍卫权利，自觉履行义务，培养"法治观念"。

2.公共参与：人人学法、懂法、尊法、守法，形成良好的公共参与环境。

◆教学指南

通过几个现实生活中的案例，解释自由与不自由，明确自由是有界限的，是相对的自由，并以"口罩"为案例贯穿指引，落实到如何践行平等，由此解释什么是特权，拓展到现实生活中其他的特权现象；最后结合本次疫情我国所做的相关努力和取得的成就，引起学生和教师的共鸣，情感升华到家国情怀。

◆教法学法

〖导入新课〗

自由是珍贵的，也是有限度的，无限制的自由只能产生混乱；平等是珍贵的，但绝对的平等是不可能的。那么，我们应该如何理解自由平等的真谛呢？如何实现对自由平等的追求呢？这正是本节课学习的主要问题。

〖讲授新课〗

一、基础知识复习

重点问题回顾：

1.自由主要是指人们在法律规定的范围内，依照自己意志活动的权利。

2.任何公民，不分民族、种族、性别、职业、家庭出身、宗教信仰、教育程度、财产状况、居住期限等，都一律平

173

等地享有宪法和法律规定的各项权利，同时必须平等地履行宪法和法律规定的各项义务。

3.我国公民的合法权益一律平等地受到法律保护，违法或犯罪行为一律平等地依法予以追究，任何组织和个人都不得有超越宪法和法律的特权。

二、珍视自由

活动探究一：

图片材料：关于疫情防控的几幅图片（图片略）。

视频材料：安徽亳州某村村支部书记的广播发言。

情境探究一：

结合教材知识，请你从法律的角度谈谈对以上社会热点话题的看法。

学生活动：结合图片和视频分析自由的限制和范围，并尝试理解什么是真正的自由，明确怎样做才是真正地珍视自由。

教师活动：点评学生的答案并补充完整。

结论一：

1.珍视自由，就是要珍惜宪法和法律赋予我们的权利，为此，我们要知晓自己的权利，认识权利的价值，积极行使和维护自己的正当权利。

2.珍视自由必须依法行使权利。作为公民，应自觉守法，遇事找法，解决问题靠法，树立守法光荣、违法可耻的法治意识。

教师讲授：关于自由和法律的关系，可以做出如下总结：①拥有自由是法律赋予我们的一项权利，法律明确了界限，哪些可以做、哪些不可以做，法律已经做出了明确

的规定。②法律是对自由的保障，如果我们的自由受到不法侵害，法律能予以保障。③我们必须珍惜宪法和法律赋予我们的权利，依法行使权利，同时，也要维护自己的正当权利。

三、践行平等

情境探究二：

武汉官方回应：男子开公车从红十字会给领导提口罩。

2020年2月1日，一名男子从武汉红十字会临时仓库提出一箱3M口罩放入一辆汽车后备箱中，该汽车车牌显示是武汉市政府办公厅公务用车，该车司机称领取的口罩是给领导配的。网友质疑该男子领取口罩的用途去向及领取标准。武汉市委宣传部工作人员称，已经上报该情况，正在核实中。

思考：

1. 结合教材知识，对材料中提及的现象进行评价。

2. 现实生活中，还有哪些类似于这样的特权现象。

3. 结合教材知识分析，我们要怎样践行平等。

学生活动：结合教材分析，怎样做才是践行平等，理解什么是特权现象，明确特权现象的表现有哪些。

教师活动：点评学生的答案并补充完整。

结论二：

1. 怎样践行平等。

践行平等，就要反对特权，每个公民都应平等地承担法律规定的义务，不得享受不受法律约束的特权；践行平等，我们就要平等地对待他人的合法权利——每个人都有平等的生存权利、发展权利和追求幸福的权利；以法律为基本的行为准则，平等地对待所有成员，尊重他人的合法权益；践行平等，就要敢于抵制不平等的行为，面对不平等现象，我们不能听之任之，而应据理力争，必要时依法维权；增强平等意识，努力践行平等。

2.关于特权现象。

表现：只享受权利不承担义务；利用手中的权力以权谋私；利用社会关系追逐一己之力；想方设法逃避法律制裁。

其他特权现象列举：新冠肺炎疫情期间，不戴口罩出门，享有特供食品、特权车辆，等等。

〖名词点拨〗特权

所谓特权，就是法律、制度规定之外的特殊权利。特权是平等的大敌。现实生活中有时会出现一些特权现象，然而法律的尊严和权威不容侵犯，任何践踏法律的行为都必将受到制裁和惩罚。

教师讲授：实现人与人之间的平等，是人类的美好梦想，需要每个公民把平等原则落实到日常生活、学习和工作中。我们要增强平等意识并努力践行平等，共同构建平等有序的社会制度。

〖本课小结〗

自由是人类永恒的追求。本节课深入学习和解决两个问题：珍视自由和践行平等。作为公民，我们应该自觉珍视自由，做到珍惜宪法和法律赋予的权利，积极行使和维护自己的正当权利，依法行使权利，并在未来的学习和生活中，自觉按照所学内容落实到生活中，从我做起，从点

滴小事做起，自觉践行平等，反对特权，平等对待他人的合法权利，敢于抵制各种不平等行为，争做一名珍视自由、践行平等的中学生。

（本课例提供者：由盈光）

## 课例四　权利与义务相统一

◆课程标准说明

了解宪法与法律对公民基本权利和义务的规定，懂得要正确行使权利、自觉履行义务。

◆核心素养体现

培养法治意识和科学精神，增强公共参与意识。

◆教学指南

在了解公民的基本权利和基本义务的基础上，理解权利和义务的关系。"权利与义务相统一"这个知识点比较抽象，学生理解起来有一定困难。可以选择"全民抗疫"开展讨论，这样学生可以自主搜集相关案例，在培养学生收集整理信息能力的同时，对案例进行分析，引发学生的思考，增强学生对权利和义务关系的理解。

◆教法学法

〖导入新课〗

出示全民抗疫图片，结合之前所学习的公民的基本权利和基本义务，请同学们说说图片案例分别体现了公民的哪项基本权利和基本义务。

图片一：学生上网课（受教育的权利和义务）。

图片二：医护人员在一线抗击疫情（劳动的权利和义务）。

图片三：工人加班加点建设"雷神山""火神山"医院（劳动的权利和义务）。

图片四：确诊新型冠状病毒肺炎费用由政府财政补助（物质帮助权）。

图片五：居民响应政策居家隔离（遵守宪法和法律的义务）。

图片六：钟南山和外交部回应特朗普"中国病毒"说（维护国家安全、荣誉和利益的义务）。

〖讲授新课〗

探究一：2020年3月13日，北京市报告1例从美国输入的确诊病例。长期定居美国马萨诸塞州的黎某带着家人从美国回京，其间服药退烧、飞机上连续说谎，因涉嫌妨害传染病防治罪，已被北京市公安局顺义分局立案侦查。（播放视频）

思考：

1. 如何看待黎某的行为？

2. 你认为疫情期间，回国治疗的黎某享有哪项权利？这一权利的实现需要他人付出怎样的努力？

3. 黎某刻意隐瞒病情，没有履行哪项义务？这一义务的履行对他人和自己有怎样的意义？

提示：

1. 黎某的行为是自私自利的利己主义行为，同时也是违法行为（违反《中华人民共和国刑法》第三百三十条规定的"妨害传染病防治罪"）。

2. 生命健康权。医护工作者、航班机组人员、家人、

社区工作人员等，正是这些人履行义务，才保证了黎某生命健康权的实现。

3.遵守宪法和法律的义务。遵守宪法和法律，如实汇报自己的身体情况，会减少传染给他人的概率，保证其他乘客的生命健康，同时减轻我国的防疫负担，使得自己能更好地接受治疗。

教师：与黎某类似的，还有澳籍华人"跑步女"，不配合隔离检查，甚至造谣检查人员骚扰她。在疫情期间，有一部分人只强调自己享有的权利，不考虑自身的法定义务和道德义务。这种将权利和义务割裂开来，只享受权利、不履行义务的行为是不可取的，也是不合法的行为。那么哪位同学可以来总结一下权利和义务的关系？

学生：权利和义务是相统一的，没有无义务的权利，也没有无权利的义务。

教师小结：①公民的权利与义务相互依存、相互促进。权利的实现需要义务的履行，义务的履行促进权利的实现。

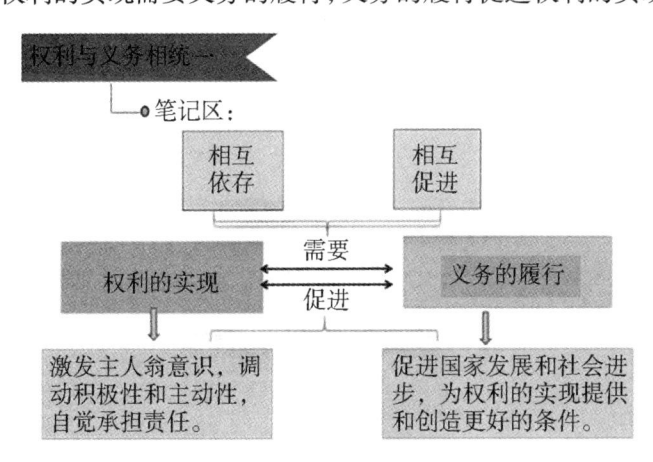

**权利与义务相统一**

笔记区：

```
        相互           相互
        依存           促进
          └─────┬─────┘
                │
          需要 ↕
    权利的实现 ⇄ 义务的履行
          促进 ↕
          │         │
          ↓         ↓
  激发主人翁意识，调    促进国家发展和社会进
  动积极性和主动性，    步，为权利的实现提供
  自觉承担责任。       和创造更好的条件。
```

公民的权利与义务相互依存、相互促进。权利的实现需要义务的履行，义务的履行促进权利的实现。

探究二：辨析以下两种观点。

观点一：权利与义务如影随形，没有无义务的权利，也没有无权利的义务。

观点二：权利和义务是完全对等的，我享受了多少权利，就应履行多少义务。你如何看待这句话？说明理由。

学生思考并回答。

教师点拨：权利与义务是统一的，二者不可分割，但是，我们不能把权利与义务的关系绝对化。认为权利与义务是完全对等的，否则会导致把履行义务作为行使权利的筹码，割裂权利与义务的统一关系。

例如：小明的爷爷是一个农民，一辈子没有行使过选举权与被选举权、监督权、受教育权，但并不代表爷爷可以不遵守法律、不依法纳税。

思考：这说明了什么？

学生思考并回答。

教师小结：②公民既是合法权利的享有者，又是法定义务的承担者。

探究三：下图学生的想法对吗？为什么？

学生：不正确，受教育既是权利又是义务。

教师小结：③公民的某些权利同时也是义务。根据我国宪法规定，劳动和受教育既是公民的基本权利，也是公民的基本义务。

过渡语：我们知道了权利与义务是相统一的关系，那么我们该如何做来保证权利和义务相统一呢？

探究四：权利与义务相统一的做法。

思考：结合上面两幅图片，联系全民抗疫的事例，与同学一起交流如何正确对待权利与义务。

〖本课小结〗

坚持权利与义务相统一，任何公民不能只享受权利而不承担义务，也不应只承担义务而不享受权利。我们不仅要增强权利意识，依法行使权利，而且要增强义务观念，自觉履行法定的义务。

（本课例提供者：燕楠）

## 课例五　积极推进全民守法

◆课程标准说明

以党的领导、人民当家作主、依法治国有机统一为主线，讲述党的领导是人民当家作主和依法治国的根本保证，人民当家作主是社会主义民主政治的本质特征，依法治国是党领导人民治理国家的基本方式，奠定学生政治立场与法治思维的基础。

◆核心素养体现

1. 科学精神：正确全面理解全民守法的要求。

2. 法治意识：增强法治意识，尊法学法守法用法。

3. 公共参与：做法治的忠实崇尚者、自觉遵守者、坚定捍卫者。

◆教法学法

〖导入新课〗

引用孟子和亚里士多德的名言导入全民守法。孟子说："徒善不足以为政，徒法不能以自行。"亚里士多德说："邦国虽有良法，要是人民不能全都遵循，仍不能实现法治。"这两句话都在强调全民守法的意义，说说你对全民守法的意义的理解。全面依法治国是国家治理的一场深刻革命，实现全面依法治国的目标，必须做到科学立法、严格执法、公正司法、全民守法，在推进法治中国建设的进程中，这四个方面密切联系，相辅相成，缺一不可。

〖讲授新课〗

学生回答对全民守法意义的理解。

教师总结：建设法治中国，必须推动全民守法，增强全社会厉行法治的积极性和主动性，形成守法光荣、违法可耻的社会氛围，使全体人民都成为社会主义法治的忠实崇尚者、自觉遵守者、坚定捍卫者。

推进全民守法。

探究一：围绕"全民守法"这一话题，同学们展开讨论并收集材料。

第一组学生发表意见。

教师总结：①开展法制宣传教育和普法活动，营造尊法学法守法用法的氛围，例如材料中提到的内容应该经由宣传和教育广为人知。②严格规范自身行为，学会在享受权利和自由的同时，尊重别人的权利和自由，学会用法律程序和方式解决纠纷。③提升自身道德素养，让守法成为自己的自觉行动。

知识总结：要着力增强全民法治观念，坚持把全民普法和守法作为依法治国的长期基础性工作，深入开展法治宣传教育，树立宪法法律至上、法律面前人人平等的法治理念，引导全民自觉守法、遇事找法、解决问题靠法。

探究二：千百年来，不少中国人心中有一种挥之不去的"青天情结"，正是这种情结让有些老百姓"信访不信法"，遇事不是寻求法律的帮助，而是上访找政府、找领导。

2013年以来，党中央大力推行涉法涉诉信访工作改革，中共中央办公厅、国务院办公厅印发了《关于依法处理涉法涉诉信访问题的意见》。按照意见，各地实行了诉讼与信访分离制度，把涉法涉诉信访从普通信访事项中分离出去，导入司法渠道，由司法机关按照法律程序处理。近年来，随着司法改革的推进，涉法涉诉类信访量不断下降，越来越多的信访群众选择司法渠道解决问题。

由"信访不信法"到遇事找法，这一转变说明了什么？

第二组学生以情景剧的形式展示并发表意见。

教师总结：这一转变说明我国的全民普法工作有实

效。长期以来，我国深入开展法制宣传教育，逐渐改变了人民群众"信访不信法"的观念，这一转变说明我国通过体制机制改革，推动人民群众形成用合法手段和合法程序维护自身合法权益的观念，我国开展信访工作改革，实行诉讼与信访分离制度，推进司法改革，调动了人民群众用法律维护自身权益的积极性和主动性。

因此，推进全民守法要调动人民群众投身依法治国实践的积极性和主动性，使尊法、守法成为全体人民的共同追求和自觉行动。

过渡：法律与道德相辅相成，密不可分，要推进全民守法，就要不断加强公民道德建设，弘扬中华优秀传统文化，增强法治的道德底蕴，强化规则意识，倡导契约精神，弘扬公序良俗，引导人们自觉履行法定义务、社会责任、家庭责任。

探究三：《国务院关于建立完善守信联合激励和失信联合惩戒制度 加快推进社会诚信建设的指导意见》，为褒扬和激励诚信行为、约束和惩戒失信行为提供了重要的制度保障。

诚信守法的社会主体不仅能收获赞誉，还能赢得实惠和便利：企业连续三年无不良信用记录，工商部门在办理行政许可时，可根据实际情况为其开通绿色通道；市场主体依法纳税、守信还贷，银行给予信贷优惠和支持；电商诚信经营，互联网商业平台为其加注成新会员标识。与此同时，有关部门和行业将那些有偷税漏税、违反合同、拖欠债务等严重失信行为的企业和个人列入黑名单，在信用评级、企业投资、银行贷款、个人信用消费等方面出黄牌

亮红牌。人民法院对失信被执行人限制高消费，让当事人一处失信、处处受限。

结合材料，谈谈如何推进全民诚信守法。

第三组学生讨论并展示。

①健全褒扬和奖励诚信行为机制。多渠道选树诚信典型，探索建立行政审批绿色通道，优先提供公共服务便利，优化诚信企业行政监管安排，降低市场交易成本，大力推介诚信市场主体。

②健全约束和惩戒失信行为机制，对重点领域和严重失信行为实施联合惩戒，依法依规加强对失信行为的行政性约束和惩戒，加强对失信行为的市场性约束和惩戒，加强对失信行为的行业性约束和惩戒，加强对失信行为的社会性约束和惩戒，完善个人信用记录，推动联合惩戒措施落实到人。

③构建守信联合激励和失信联合惩戒协同机制。建立处罚反馈机制，实施部省协同和跨区域联动，建立健全信用信息公示机制，建立健全信息归集共享和使用机制，规范信用红黑名单制度，建立激励和惩戒措施清单制度，建立健全信用修复机制，建立健全信用主体权益保护机制，建立跟踪问效机制。

④加强法规制度和诚信文化建设，完善相关法律法规，建立健全标准规范，加强诚信教育和诚信文化建设，加强组织实施和督促检查。

教师总结并拓展延伸"文化与哲学"知识。法治的真谛，在于全体人民的真诚信仰和忠实践行。民众的法治信仰和法治观念，是依法治国的内在动力，更是法治中国的精神支撑。我们作为祖国的下一代，更加有义务和责任去推动法治中国的完善。

〚本课小结〛

通过本节课的学习，我们能够结合不同社会主体遵守法律促进社会进步的具体事例，探究全民守法的内涵；理解全民守法要求我国公民依法行使权利，依法履行义务，依法维护自己的正当权益，成为社会主义法治的忠实崇尚者、自觉遵守者、坚定捍卫者；体会人们在法治国家中的美好生活，明确全民守法的意义，从而在之后的生活中也能够更加尊崇法律、信任法律。

（本课例提供者：王亚晶）

## 课例六　科学立法　依法防疫

◆课程标准说明

在新冠肺炎疫情时期，依法防控、依法防疫、依法抗疫是中国取得阶段性胜利的保障，因为法律是调节社会关系、规范人们行为、维护社会秩序的重要规则。

◆核心素养体现

1.政治认同：通过了解科学立法、依法防疫，清楚中国取得防疫战阶段性胜利的根本即中国特色的法律规则，强化对中国特色社会主义制度优越性的认知，树立"四个自信"。

2.科学精神：清楚中国特色社会主义法律规范体系的组成，尤其是应急法治所具有的特点，明白应急时期政府

公共权力的扩张、集中，公民个人权利受限制和克减，是应急状态的应有反应。

◆教学指南

可以根据疫情期间的案例，深入浅出地了解我国在传染病防治方面，已经建立了一套比较完备的法律规范体系。作为公民个人，应该知道这些法律规范对我们在应急状态下，履行法定义务和职责具有重要意义。

◆教法学法

〖导入新课〗

中国新冠肺炎疫情防控取得了阶段性胜利，在这一过程中依法、科学、有序防疫至关重要。今天就依法防控与大家进行两个方面的交流。一个是为什么依法防控，一个是如何依法防疫、依法抗疫。

〖讲授新课〗

一、为什么要依法防控

教师讲授：

法律是调节社会关系、规范人们行为、维护社会秩序的重要准则。法律本身具有固根本、稳预期、利长远的作用，是社会不可缺失的规范。尤其是当灾害来临，社会秩序面临失控风险的特殊时期，法治的作用就尤为重要，只有坚持依法防控、依法治疫，才能够确保防控工作科学有序开展，才能够维持社会秩序和人民群众的生命健康。

疫情发生后，党中央高度重视并严格依照法律的规定，采取一系列防控措施。比如，中央成立了应对新冠肺炎疫情工作领导小组，国家卫建委也宣布将新冠肺炎纳入乙类传染病，并采取甲类传染病的预防控制措施，国务院也发布了延长春节假期的通知，各个省、自治区、直辖市先后都启动了重大突发公共卫生事件的一级响应，而且多个城市通过立法、制定规章、发布决定命令等方式，对本城市范围内的交通进行了管控。很多地方党委、政府成立了临时性的指挥机构，健全了疫情防控的组织体系。其实疫情防控所适用的是应急法治。这个应急法治，跟我们常态的法律制度有所不同。它最主要的特点有两方面：第一就是在应急状态下，国家公共权力会极度地扩张、集中。第二就是在应急法治状态下，公民个人权利会受到一定程度的限制或克减。国家公共权力的扩张表现在：在疫情防控期间，政府可以采取封锁疫区、限制交通、征用物资设施、限制交易等措施。医疗机构可以对传染病人和疑似病人采取隔离治疗措施。公民个人的权利会适度地被限制和克减表现在：病人或者疑似病人要接受医疗机构的隔离治疗、检验检疫、采集样本，要服从地方政府发布的决定、命令、通告、规定，等等。

〖新知识点点拨〗应急法治特点

1.政府公共权力急速扩张、集中。

2.公民个人权利受到一定程度的限制、克减。

这种应急法治跟我们常态下的法治的区别，除了这两点之外，它适用的原则也与常态下法治有所不同。我们日常生活中的法治原则贯穿整个社会生活的方方面面，但是在应急状态下，我们除了适用日常的这些法治原则之外，还要适用应急原则。

〖学生自学〗突发公共事件特点

应急突发公共事件，特别是突发公共卫生事件有以下

几个特点：突发性、危害性、严重性、公共性、紧迫性。突发公共事件的发生和采取的处置措施，必须是在短时间内完成的。要在短时间内通过采取有效的处置措施、救援措施、救治措施来消除突发事件造成的影响，一旦突发事件结束了，就恢复到正常的法律实施的状态。

结论一：

之所以坚持依法抗疫，是因为在疫情发生的时候，更需要法律的支撑，更需要严格地依照法律的规定来行使权力、履行职责。这次疫情涉及所有公民，谁也不能独善其身。所以，作为普通公众的个人也必须在疫情发生期间严格遵守法律，履行特殊时期的法律义务和责任。

二、如何依法防疫、依法抗疫

依法防疫抗疫，必须从立法、执法、司法、守法各个环节发力，全面提高依法防控、依法治理的能力，为疫情防控工作提供有力的法治保障。

坚持立法与完善疫情防控的法律体系紧密相连。法律体系在国家整个法律制度中居于基础性的地位，只有完备且科学的法律规范体系，才能够为法律的执行奠定基础。在疫情防控方面，特别是在传染病防治、公共卫生等方面，我国已经建立了一套比较完备的法律规范体系。可以说，这是一套科学完备、运行有效的法律规范体系。我国宪法有关于国家发展医疗卫生事业、开展群众性卫生活动、保护人民健康的规定。全国人大根据宪法的要求制定了一系列的疫情防控和公共卫生方面的法律法规，比如制定了传染病防治法、突发事件应对法、过境卫生检疫法、突发公共卫生事件应急条例，包括2019年全国人大通过的疫苗管理法、修改的药品管理法，还有动物防疫法、野生动物保护法、中医药法、执业医师法，等等。这些法律为整个公共卫生法律制度构建了一个庞大的法律体系。同时，也为开展疫情防控奠定了重要的法治基础。试想一下，如果没有这些法律或者说在这次新冠疫情防控中，我们不能够依据这些法律来实施防控措施的话，后果是不堪设想的。所以说，构建疫情防控的法律法规体系实际上是疫情防控的一项基础性工作，必须做到系统完备、科学规范、运行有效，只有这样一套体系才能够发挥作用。当然，这个疫情防控法律法规体系，不仅仅指的是宪法和全国人大以及全国人大常务委员会制定的法律，还包括一些地方性法规、司法解释，还有部门规章、规范性文件，等等。比方说，这次疫情发生之后，2020年2月10日，最高人民法院、最高人民检察院、公安部和司法部就联合发布了一个行政司法解释，即《关于依法惩治妨碍新型冠状病毒感染肺炎疫情防控违法犯罪的意见》（以下简称《意见》）。《意见》要求，准确适用法律，依法严惩妨害疫情防控的各类违法犯罪。针对社会关切，提出了依法严惩疫情防控违法犯罪的十大执法司法政策，明确要依法严惩抗拒疫情防控措施、暴力伤医、制假售假、哄抬物价、诈骗、聚众哄抢、破坏野生动物资源等犯罪。《意见》强调，对于在疫情防控期间实施有关违法犯罪的，要作为从重情节予以考量，依法体现从严的政策要求，切实维护人民群众的生命安全和身体健康。

学生疑问：

封闭小区，出门必须佩戴口罩，配合测量体温……这

些执行者的权力是谁赋予的？公民个人如果不配合会有什么结果？

教师讲授：

除全国人大外，很多地方人大也纷纷出台了一系列有关疫情防控的决定。这些决定的内容非常全面，主要是围绕疫情防控，比如有从体制上进行创新的，建立联防联控机制，有的是明确授权市或者是区政府可以采取临时性的应急管理措施；也有暂时管制，是指在疫区为了达到控制传染病传播的效果，采取切断传染源的临时性应急措施，如有些地方通过发布决定、命令和通告的方式，规定一家一周之内只能出门一次或者两次购买生活必需品，或者小区实行封闭管理，公共场所必须戴口罩。这些都属于地方人大授权政府在应急状态下所采取的一系列的防控措施。

很多地方性法规还规定了政府可以紧急调集人员，明确政府可以征用公共交通设施、房屋、设备，并予以补偿等规定。很多地方性法规和决定，明确提出地方政府必须及时、公开、透明地公布疫情信息。另外，也规定了基层社区等相关单位和个人在疫情防控工作中的权利和义务，强调要发挥业主委员会、物业服务机构、居民委员会、村民委员会的作用，这些机构要配合政府做好疫情防控工作。这些地方性法规，明确了个人在疫情防控期间的职责和义务。比方说，明确规定，个人如果隐瞒病史，隐瞒疫情重点地区旅行史，与患者或疑似病患者接触史，逃避隔离医学观察等行为的话，要承担相应的法律责任。

有关部门还可以将其违法行为纳入失信名单，公布到公共信用信息平台，也就是我们常说的黑名单。制定这些措施的目的就是疫情防控。也就是说，在应急状态下，地方政府权力扩大，采取一系列的管控措施，可以通过地方人大的授权来采取相关的措施，特别是发布决定、命令、通告，用这些方法来规定公民个人在应急状态下承担的义务和责任；规定政府或者是公共机构可以在应急状态下扩张哪些权利，采取哪些措施，这都是为了达到疫情防控的目的。

结论二：

依法防疫、依法抗疫，主要是要形成一套系统完备、科学规范、运行有效的疫情防控公共卫生的法律法规制度体系。通过这套制度体系给相应的政府机关、公共机构、医疗机构提供相应的法律法规依据，确保它们能够在疫情防控、特别是救助处置等各个方面发挥作用。

〖补充说明〗

这次新冠肺炎疫情的发生，包括在抗击新冠疫情过程中所引发的一些法律问题，实际上都是在这样一个法律框架内推动进行的。疫情发生之后，要采取多种措施予以防控。这次疫情防控对我们国家而言，无异于是对治理体系、治理能力现代化的一次大考验，疫情防控能否实现中央所要求的"坚定信心、同舟共济、科学防控、精准施策"这样一个目标和要求，关键是看我们能不能做到依法、科学、有序地防控。而依法就是要高度重视法治在疫情防控中的作用，充分发挥立法、执法、司法、守法职能作用，运用法治思维和法治方式在法治的轨道上进行防控。从前期的工作来看，我们在逐步强调依法防控的重要性。各级党委和政府也在积极地履行法定职责，依法采取有效的防控措

施，全社会以及各个单位和公民个人也在积极地履行依法防控的义务，承担相应的责任，这对于我们最终有效战胜疫情起到了关键性的作用。

〖延展升华〗

希望这次疫情防控，能够引发人们对疫情防控法律体系的重视，引发人们对共产党领导的中国特色社会主义制度的认可，只要我们坚定信心，高度重视法治，坚定中国共产党的领导，运用法治思维和法治方式开展疫情防控的各项工作，相信我们一定能打赢这场疫情防控的人民战、总体战、阻击战。

〖本课小结〗

全世界新冠肺炎疫情处在关键时期，中国前期的防疫抗疫经验有值得推广的地方，也有需要反思改进的地方。但人对生的渴望和对美好生活的向往都是一样的。在防疫抗疫过程中，人的焦虑和其他不可知事物的发生是不可避免的，建立健全公共安全，尤其是公共卫生法律规范体系是战胜疫情的法治保障。

（本课例提供者：奚亚丽）

# 思想政治学科功能篇

思想政治课教学是学校德育工作的主渠道，是学校实施素质教育的重要内容，但是思想政治课教学却存在着诸多问题，使思想政治课德育功能的主渠道没有充分发挥出来，德育教育的目的也未能达到。

德国教育家赫尔巴特曾说过："教学如果没有进行道德教育，只是一种没有目的的手段；道德教育如果没有教学，就是一种失去了手段的目的。"

如何在新时代发挥思想政治课德育功能，达到德育教育的目的？23年的思想政治课一线教学经验，使我总结出了思想政治课德育功能缺失的原因：重知识，轻觉悟；重结果，轻过程；重课堂，轻实践；重理论，轻实践。所以，要想焕发思想政治课的课堂魅力，发挥思想政治课的德育功能，必须进行理性思考，在观念上、方法上、手段上采取必要的措施，只有这样，才能真正发挥思想政治课应有的功能。

## 浅谈道德与法治教材德育功能

中学阶段是一个人身心发展的黄金时期，同时也是价值观和理想信念养成的重要阶段。在初中教学中依托道德

与法治教材，发挥其中的德育价值，能对学生进行正确的价值观引导，使其用坚定的信念指导实践，也能在一定程度上引导学生养成良好的生活习惯，对于促进其综合素质的全面发展具有重要的意义。

初中道德与法治教材涵盖的知识面非常广泛，包括培养学生爱国主义情感、引导学生积累集体生活智慧、养成孝敬父母的品德等，德育价值丰厚。为了能够更有效地提高教学效率，教师还需要充分利用教材中的理论观点，设计生活化的德育场景，让学生能够在感同身受地接受理论知识的熏陶、提升学习效率的同时，强化自身的德育建设，成为实现理想信念的坚实基础。

## 一、发挥道德与法治教材德育功能的价值

### 1. 能够引导学生养成良好的习惯

道德与法治教材中，除了有大量的理论阐述之外，还包含了很多生活规范、习惯引导等知识与案例，正面与反面案例都具有很强的代表性，学生在学习完这些案例之后，能够了解到哪些是青少年应该遵守的规则，哪些是万万不能触碰的法律底线；哪些是为人子女需要为父母做的事情，哪些是作为学生需要履行的义务。这些内容都能够很好地引导学生养成良好的行为习惯，对健全其人格具有重要价值。

### 2. 能够让学生形成强烈的法治观念

法治与道德是无法完全区分开的，如何才能在形成法治观念的情况下遵守道德的底线，是该学科需要探讨的问题，同时也是学生需要掌握的知识。通过教材列举的案例

以及教师有效的讲解，学生能够了解法律常识，并对一些违法乱纪行为进行纠正。同时，在德育理念的引导下，学生也可以更为理性地看待客观问题，并对这些问题进行全面系统的评价。这样既能督促学生按照道德规范严格要求自己，同时也能促进学生综合素质的全面发展。

3.能够促进学生道德思维的转变

在有效德育理念的引导下，学生们能够更为切实地了解到作为一名合格的公民自身承担的责任和义务，无论是对于学业、生活还是人际交往，都能够把握好尺度。同时，道德与法治教材中的德育价值在润泽学生心灵的同时，也在很大程度上帮助学生形成承担社会责任的意识，在发挥德育功能的同时，为社会的发展培养充满责任感和正义感的接班人。

**二、道德与法治教材德育功能发挥的策略**

**1.合理利用教材进行德育内容渗透**

初中人教版道德与法治教材中，有大量的与德育相关的内容，有关于树立远大理想的（少年有梦）；有关于热爱学习的（享受学习）；有关于人际交往的（深深浅浅话友谊）；有关于亲情羁绊的（让家更美好）；有关于法律法治学习的（我们与法律同行）；还有关于公共社会责任的（服务社会、坚持国家利益至上）；等等。这些内容都与德育息息相关，需要教师将其进行分类和汇总，在教学过程中充分利用教材中的理论知识，对学生的情感态度和价值观进行引导。

## 2. 采取合适的教学方法进行德育渗透

**（1）教师可以利用创设问题情境的方式，全面激发学生的学习兴趣**

"兴趣"作为最好的老师，能够激发学生的学习动机和学习欲望。在实际的教学环节中，教师可以用一些鲜活的案例，引导学生在理论教育的熏陶下，对实际生活产生共鸣，进而陶冶情操，培养良好的道德品质。例如，在讲到"合理利用网络"的时候，教师除了要告诫学生要控制上网时间、不去浏览不健康网页之外，还可以用大学生网贷事件教育学生，让学生了解到：网贷的后果是，或家破人亡，或被讨债。用这种带有警示性的案例告诫学生合理利用网络，合理消费，使其在生活中能够严格要求自己，防止坠入深渊。

**（2）开展形式多样的实践活动**

"道德与法治"的教学，只靠理论的支撑是远远不够的。在实际教学中，教师必须依托实际案例和相关理论，为学生设计形式多样的教学活动，让学生能够真正地走出课堂、走进生活，通过亲身体验，了解德育的真正内涵，继而严格要求自己，遵纪守法，遵守道德规范，提升自身的道德修养。例如在讲到"感受生命的意义"的时候，教师可以让学生深入到大自然当中，感受自然界中动植物的生命，或者是为学生播放汶川地震后人们对生命的探索，以及电影《中国机长》中，机长对110多名乘客生命所肩负的责任。用电影或者真实事件引导学生品味生命的真谛，使其能够真切地意识到生命来之不易，从而从容地面对生活中的挫折。

道德与法治教材中，关于德育功能的探索是多方面的，要求教师在实际教学中能够有针对性地进行教学内容的创新，用典型的案例来引起学生的共鸣，使其能够遵守法律规范，培养良好的道德修养，面对挫折能够自我调节，发挥道德与法治教材的德育价值，使学生可以在更温和舒适的环境中感受道德教育，继而为促进其综合素质的全面发展提供坚实的保障。

## 思想政治教育在社会治理中的作用
——评《思想政治教育社会治理功能研究》

思想政治教育作为我国社会建设工作的"生命线"，在社会治理中发挥着重要作用，是推进社会治理发展必不可少的治理方式与手段。在这一思想的影响下，探讨陈燕主编的《思想政治教育社会治理功能研究》一书，可以为进一步丰富思想政治教育理论体系提供借鉴，也为推动社会治理理论和实践发展进行了一些尝试性的研究。

本书分为五章。

第一章是对思想政治教育社会治理功能概念的解读，具体分为思想政治教育社会治理功能的相关概念、思想政治教育和社会治理的关联、思想政治教育社会治理功能的科学内涵与主要特征三个具体层面。通过这一章可以理解思想政治教育的相关概念、功能的概念和社会治理的相关概念，并且明白思想政治教育和社会治理的目标是一致的。社会治理体系的进步为思想政治教育提供了重要的实践场

域，思想政治教育工作同时也为社会治理提供了重要保障。其中第三节阐述了思想政治教育社会治理功能的科学内涵，读者可以从中认识到思想政治教育社会治理功能的主要特征，从而可以对这两个概念和功能有一个更加清楚的认识。

第二章讲述了思想政治教育社会治理功能研究的理论基础与思想资源。读者可以通过本章了解思想政治教育社会治理功能的理论基础，理解马克思主义经典作家关于思想政治教育社会治理功能的理论、中国化马克思主义关于思想政治教育社会功能的理论成果。本章关于思想政治教育社会治理功能的思想资源是通过列举一些比较有名的理论来阐释的，比如洛克的社会契约论、托克维尔的乡村自治理论、政治学视野中的社会资本理论、西方的"善治"理论等，读者可以通过分析这些思想理论，进一步加深对思想政治教育社会治理功能的了解和认识。

第三章阐述了思想政治教育社会治理功能的历史考察，以土地革命时期、抗日战争时期、解放战争时期、社会主义革命时期、社会主义建设时期思想政治教育社会治理功能考察为例，进行分析，从而让读者了解不同时期的社会基本发展状况及思想政治教育社会治理功能所发挥的作用，从而使读者进一步认识到思想政治教育社会治理功能的性质和功能。

第四章讲述了思想政治教育社会治理功能发挥的现实考察，进一步分析了当前中国社会治理面临的困境与挑战。从中读者能够认识到当前社会的发展形势，了解价值观多元化、社会利益关系复杂化及其对传统的道德观念带来的冲击和挑战。该章节还探讨了思想政治教育社会治理功能发挥所面临的现实课题，主要集中在以下几个方面。

1. 社会资源分配不均，社会事业亟待全面深化改革；
2. 城乡"二元结构"问题突出，城乡一体化进程遭受阻碍；
3. 组织结构改革推进缓慢，社会组织发展困境重重；
4. 网络空间迅速拓展，社会舆情管理面临新挑战；
5. 城市社区治理中的思想政治教育功能发挥。

本章还探讨了影响思想政治教育社会治理功能有效发挥的因素，具体包括：思想政治教育缺乏广泛的社会平台、思想政治教育载体构建不足、思想政治教育效果难以评估、网络思想政治教育体系尚未成型。

第五章探讨了思想政治教育社会治理功能有效发挥的路径选择问题，具体包含以下四个内容：

1. 加强思想政治教育社会治理功能发挥的政治保障；
2. 优化思想政治教育社会治理功能发挥的环境；
3. 丰富思想政治教育社会治理功能发挥的载体；
4. 开发思想政治教育社会治理功能发挥的资源。

《思想政治教育社会治理功能研究》一书以社会治理为切入点，探讨和分析了思想政治教育的功能，对于加强社会治理格局的建立，思想政治教育理论更不能缺席，阅读本书能够为进一步加强和完善社会治理实践提供指导，为进一步丰富思想政治教育理论体系提供一定的借鉴，对于想要从事社会治理和发展研究的人员具有良好的使用和收藏价值。

## 疫情下的思政课教学

2020年2月23日,习近平总书记在统筹推进新冠肺炎疫情防控和经济社会发展工作部署会议上的讲话中强调,新冠肺炎疫情不可避免会对经济社会造成较大冲击。越是在这个时候,越要用全面、辩证、长远的眼光看待我国发展,越要增强信心、坚定信心。

诚然,新冠肺炎疫情对我国当前各行各业造成了较大冲击,这其中也包括落实立德树人根本任务的关键课程——思政课。在抗疫期间如何有效开展线上教学、保障线上学习与线下课堂教学的质量实质等效,是许多学校思政课教师面临的难题。危中有机,在线教学若能有效组织与实施,对思政课教师而言也是一次教学改革与教学模式创新的契机。抗疫期间,为统筹防疫和教学两不误,思政课教师需要用全面、辩证、长远的眼光看待线上教学,对课程进行系统的思考与设计。

进入后疫情时代,仍不能忽视疫情的影响,课堂教学要准备打持久战,思政课教学不仅仅是课堂教学,还是树立世界观、人生观和价值观的课堂,线上线下上好思想政治课都至关重要。

# "停课不停学"下"道德与法治"线上高效授课

"特殊时期，我们不惧，共克时艰，中国加油！"这是2020年新年伊始印在每一个中国人心中最深沉、最有力量的话语。

特殊时期，人人有责，人人都是战斗者。当此非常时期，你我不是孤军奋战的个体，而是同舟共济的"我们"。在此期间，很多温暖的故事不断诠释着这种共识。作为教育工作者，我们能做些什么？这是值得我们深思的问题。

受新冠肺炎疫情的影响，我们不能回到学校上课，非常时期，我们响应国家号召"停课不停学"。我们采用网络授课的形式来完成教学任务，这对我们来说是一种考验。我们必须思考：如何提高网络课堂效率？学生不在眼前，如何能抓住他们的心，让他们跟上我们的教学节奏？这是一个课题研究。

### 一、网上授课存在的问题

**1. 学生差异较大**

上网课的缺点就是不能近距离地接触学生，所以无法很好地把控学生的学习状态。自主性较强的学生不用老师督促也会进行自主学习，但自主性较弱的学生，在上网课时容易开小差，不认真听讲，作业完成的质量不高。所以学生之间逐渐出现明显的分水岭，导致教师对教学进度不

能按照之前制定的计划实施，给教师授课造成一定程度上的困难。

**2. 教师备课难度较大**

网络教学的教师并没有想象得轻松。由于网络的限制，教师批改作业的难度较大；教师在进行备课时，需要设计课件、完成试播，还要进行各种调整，等等，这需要教师了解如何使用软件，工作量比原来还要大。而且，长时间的网上授课也会使教师进入疲惫期。

**3. 家长不理解**

许多家长对于网络授课并没有予以一定的重视和支持，甚至许多家长对于网络授课持有不好的态度，认为网络授课没有必要。漫长的假期，学生如果没有网络授课，在新学期开学之后，之前所学习的知识很难再捡起来，更别说再往后进行教学了，所以秉持"能学一点儿是一点儿"的原则开展了网络授课。与学生接触更多的是家长，如果家长没有给予足够的重视及支持，教师的工作便不能顺利开展。

## 二、网络授课模式运用的方法

**1. 参与集体备课，共享集体智慧**

课前一定要认真参与集体备课，请注意，是参与，不是只听别人备课。集体备课备教学目标、教学内容、教学方法、相关试题。"他们咋讲我就咋讲"是不行的，教师一定要有自己的教学智慧。最重要的是对教材要有自己的理解，在集体智慧中找到适合本班学情的教学方法和教学节奏。比如我认为某个知识点我班学生接受起来有难度，我就必须慢点儿讲，并要求学生把知识点背下来，再在课堂上找 5 个学生背诵。而不只是一味地快讲，因为速度过快可能会有大部分学生跟不上。

"学情"是很重要的，了解学生处于一个什么样的接受水平，根据这个学情，教师再设计教学内容和教学活动就有科学根据了。

**2. 多与家长进行沟通，得到家长的理解与支持**

网络授课教师除了进行课前备课，还需要协调家长予以配合。在网络授课期间，与学生接触最多的是家长，所以教师首先应该做好家长的工作，争取获得家长的积极配合。对此，我建立了家长沟通群，在网上授课前，我先询问了每位家长对于网络授课的意见和建议以及每个学生的家庭情况，并向家长分享了我对于网络授课的看法：学生在家期间不能只是玩乐而不学习，否则开学之后听课难度会更大；同时分析了网络授课带来的好处以及存在的问题。大部分家长对于我的看法予以支持，也有部分家长没有及时地表明态度。在讨论之后，我又与部分家长进行了进一步的沟通，并得到了理解和支持。我将具体上课时间和课程安排发送到了家长群里，让家长合理地安排学生的时间进行网上学习。在每天课程结束之后，我也会向家长分享学生的课堂表现，方便家长对学生进行更好的监督，在教师和家长共同的努力下，使网络授课更有效率。

**3. 设置有趣的教学活动，营造活跃的教学氛围**

如果教师不想办法让课堂活跃和生动起来，那么学生的学习兴趣就会缺失。相反，我们在课前就预设好教学活动，则有利于调动学生学习的主动性和积极性。比如在讲

九年级下册"谋求互利共赢"这一内容时,我设计了一个游戏:把学生分成4组,让学生写关于合作、互惠的成语或警句。哪一组同学说得最多,就获胜。我以加班级量化分作为奖励。同学们在参加游戏的过程中,成为学习的主动参与者,能够在轻松的学习环境中感受到各国间需要合作,并在合作互利中共赢。

还有,在网络授课中,我最喜欢用小组研讨的形式来分析问题。学生们把摄像头打开,一起研究教师布置的任务,互相讨论,这种方式既调动了学生学习的积极性,又培养了他们的合作意识和分析解决问题的能力。小组讨论后选出1人为代表发言,其他同学进行补充。这种方式使学生的学习效率有了很大的提升,网络教学更加高效。

**4. 注重课堂的高效互动和课下的真情交流**

高效课堂是学生取得高分的法宝。老师认为是重点的知识点要多讲、反复讲,把它讲透,而且要让各个学生回答,这样既可以巩固知识,又可以提高每个学生的注意力。网课上点名回答学生没有反应的,课后一定要向他的家长问明情况。在我的课堂上,我一节课能提问35名左右的学生,他们都跟着听,生怕回答不上来挨我批评。严师出高徒。进步的学生好好表扬,退步的学生也要批评,尤其是尖子生,班级的前5名同学,我时刻提醒他们必须要有满分意识。

给学生指出问题后,还要帮助学生分析丢分的原因:是基础知识有漏点,还是审题不细致?让学生知道只有基础扎实,再加上审题细致,才能得满分。班级的前5名同学我都会看他们的小题得分情况,上课时我会点名说出他们的错误之处，因为见不到孩子，不能当面评试卷，但是老师能指出他错哪了，孩子就能感受到老师对他的关心和付出，在之后的学习中也会更加仔细。通过教师的督促和引导，学生在学习上更有针对性，对于经常出错的地方也引起了重视，学习成绩自然有所提高。

**5. 进行一对一沟通，明确阶段学习任务**

我的QQ好友和微信好友都快加满了，我要求学生定期给我发基础知识的背诵视频或语音。我教3个班级，每个班级的前15名学生必须发，其他学生老师鼓励发。这样，好学生的基础在这见不着面的特殊时期，也没落下。对于平常学习比较吃力的学生，我也会进行鼓励，并且抓住学生的优点进行鼓励。例如，学生可能背诵得不通顺，这时，我会鼓励学生说："今天完成背诵的时间要比以往早，非常棒，如果能通顺流畅的话就更棒了。"如果学生没有按时完成任务，我会向家长询问原因，并鼓励学生不能落下。在上网课期间，每天我都会收到很多同学的语音背诵，我会一一回复给予鼓励。果然，学生的积极性更高了，争先恐后地给我发送背诵的视频或者语音，甚至比线下课堂更有效果。

我非常珍惜每周一次的网上答疑，对学生的问题一一解答，一个半小时的时间答疑3个班的学生问题，真是累并快乐着。我鼓励学生提问，引导学生形成良性竞争意识，这是我的教学策略。这种方式，不仅激励着成绩靠前的学生，而且通过表扬也让其他学生获得成就感，从而在学习上更加认真，提问题的频率也比以往要多，我也耐心地解答学生提出的疑问，网络课堂呈现出了积极向上的状态。结果

这次月考很多学生都进步了，取得了非常不错的成绩。

**6. 给学生能得满分的法宝，让他们坚信不移**

我的名言：60分 = 基础好 + 审题细。这是我经常告诉学生的，得满分的法宝老师已经找到了，你们就好好用吧。坚持下去，就一定能得满分！

亲其师，信其道。我想如果使出我们浑身的劲儿，学生是一定能学好的。我们要相信自己，也要相信学生，我们是学生的领跑者，更是他们的助力者！助力孩子取得高分，助力孩子考上理想的学校！

网络授课对于教师来说是新的挑战，教师要学会分享和总结经验，运用不同的教学方式，来调动学生学习的兴致，使学生在网络授课时也能很好地完成学习任务。教育的智慧是无穷的，只要我们认真去挖掘，教学效果就会越来越好！让我们一起努力，做有教育情怀且有教学智慧的教师！

# "停课不停学"下的居家学习给教育带来的思考

教师的根本任务是教书育人、立德树人。目前，一部分教师仍然还是"重教书，轻育人"，学生居家学习，应该让教师认真思考：教书育人不仅仅是口号，立德树人也不仅仅是目标，学生的进步需要学校、教师、家庭、社会以及学生个人的共同努力。比如，学生学习自觉性、自律性的培养，学习计划的制定，学习时间的安排，都需要教师和家长帮助学生完成。生活教育是要真正地把学生的成长融入生活。疫情之下的学生居家学习促进了课程开发，是深化课程改革的一次机会。

随着信息技术的发展和教育信息化水平的提高，居家学习将成为未来教育的一种新常态，这更加应该值得我们教育者静心思考。

**一、对教师责任的思考**

"停课不停学"是党的呼唤，是社会的呼唤，是家庭的呼唤，是学生的呼唤；是培养人才的需要，是自我成才的需要，是教育的需要。教育要发展，学生要成才，离不开教师，面对学生不能返校上课的局面，如果教师无动于衷，那将是一种什么样的局面？这体现了教师的重要，体现了教师责任的重要。面对疫情，我们的党和人民没有退缩，尤其是医护人员，勇往直前，不怕牺牲，他们尽职尽责的精神鼓舞了每一个中国人，更会激励我们每一位教育工作者。作为教师，平时的工作日复一日，年复一年，显得很平凡，但百年大计，教育为本，而且又关乎千千万万个家庭，所以说，教师的工作又是伟大的。我们既然选择了教师，就是选择了教育的责任，就是选择了对教育的坚守。我们要拿出来这次抗疫斗争中广大医护人员的高尚情操和负责任的精神，去践行我们教师的责任。

**二、对自主学习的思考**

众所周知，居家学习，学习环境由学校转移到家庭，

这必将是对学生自主学习能力、自我管理能力的考验。自觉性、自律性的养成不是一蹴而就的，要靠科学的教育方法，要靠平时严格的要求和监督。学生只有认识到学习的意义，才能真正知道学习，愿意学习，才能真正实现"学"，自主学习能力才能形成。很多学校提出"停课不停教"，显然又突出了"教"的重要性。实际上，现在学习资源非常丰富，无论是网上资源，还是书本资源，只要想学，就一定有学习的内容。但我们学校和老师为什么特别担心，认为不强调"教"，学生就不能"学"，即使是马上要面临高考的学生也是如此，因此，很多学校，给学生每天的时间安排得满满的，线上直播课、电视上的空中课堂、线上云课、线下大练习、各科大量作业，完全控制了学生自主支配的时间，根本就谈不上自主性，主要原因就是我们平时对学生的自主学习要求不够，培养不够，或者说是不敢放手，不相信学生。教育改革的一个主要方面就是学习方式的变革，这次"停课不停学"的行动从某种意义上来说一定会促进教师教学观念的更新，促进学生自主学习能力的提升。

### 三、对教育现代化的思考

如果没有网络，我们的"停课不停学"只能要求学生自主"学"，无法实现老师线上的"教学"，更不会实现线上互动和交流。如果没有网络，或者说我们的老师不会利用网络，我们就不可能实现"停课不停学"。线上教学已经成为当下教育教学的主流模式，而且对绝大多数老师来说都是新生事物，但教育现代化、教育信息化的理念我们并不生疏，只是没有深入每位老师的心灵，这次"停课不停学"的线上教学活动引发我们对教育现代化的思考，一定会促进教育现代化的发展。我们已经亲身感受到了这种教育现代化的方便、高效。网络资源的收集、共享，课件的制作，电脑屏幕共享，语音、视频传输等信息技术都有了很大的提升，微课制作、短视频制作的水平越来越高，为学生的学习提供了很大的帮助，同时，网络备课等集体线上教研活动打破了时间和空间的限制。另外，这次"停课不停学"行动也会促进学校常规管理、学生管理、校园管理的现代化手段的实施，促进智慧校园的形成。

**四、对课堂教学改革的思考**

教学改革的核心应该是课堂教学改革，教学改革更是呼唤教学方式的变革。这次"停课不停学"活动，要求教师更多关注学生的"学"，采用问题式、任务式、研究式、开放式、拓展式等课堂教学模式，特别强调"先学后教"。线上线下有机结合的"混合式"教学模式，一定会倒逼我们教师深入思考课堂教学方式的变革，尤其是师生角色定位的改变，真正做到以学生为中心，真正实现由知识向能力转变，由教师的"教"向学生的"学"转变，改变传统的"填鸭式"教学，改变教学信息由教师向学生单向传递，以教师为中心、讲授为主，缺少师生、生生间的多边互动的传统课堂教学模式，引导学生不仅仅关注知识，更关注知识的生成，掌握学习的方法，打造充满"动、静、情"氛围的高效课堂。

# 疫情防控期间思想政治学科线上教学指导意见

为了贯彻落实《中共教育部党组关于统筹做好教育系统新冠肺炎疫情防控和教育改革发展工作的通知》《关于深入做好中小学"停课不停学"工作的通知》《长春市教育局关于做好2020年春季学期延期开学期间中小学校教育教学工作安排》等文件的相关要求，结合疫情期间网上教学中出现的问题，现对我市高一年级和高二年级思想政治学科线上教学提出几点意见，以供参考。

## 一、线上教学存在的困难与问题

自2020年2月24日线上教学以来，尽管思想政治学科教师由开始对网络教学的陌生逐渐走向熟悉，但也暴露出一些问题与不足，线上教学的效率和效果还有待提高。

### 1.部分思想政治课教师对线上教学模式缺乏足够的认识，影响了教学效果

部分思想政治课教师，尤其是年龄偏大一些的教师，长期以来，习惯了面对面的传统课堂教学，对于新的教学模式感到陌生，存在一定的抵触情绪，不愿也不敢接受，甚至是胆怯。教学过程中，师生不能面对面，这在一定意义上也拉大了与学生的距离，不利于在漫漫长假后拉回学生的心，这也在一定程度上影响了课堂教学效果。

**2. 部分思想政治课教师不能有效掌握线上教学模式的技术，影响课堂效率和教学效果**

(1) 直播技术不熟练

部分思想政治课教师一时很难熟练掌握网络直播的技术，直播的效果不是很理想，教学内容不能很好地展示，增加了学生听课的难度，影响了学生听课的积极性，进而影响了教学进度和教学效果。

(2) 课件使用不灵活

平时课堂教学时，部分思想政治课教师就很少用课件上课，而此次线上授课，使用课件教学成为常态。然而，这对于平时很少用课件教学的教师而言，无疑是雪上加霜，课件制作相对"低劣"、不会播放、"摄像模式"与"交互模式"切换经常出错，这些状况的出现，对课堂教学产生了一定的影响。

(3) 批改反馈不及时

学生网络提交作业和老师网络批改作业，不能很好地实现及时对接和反馈，在一定程度上降低了课堂教学的效率。同时，线上作业还存在着一定的虚假成分，这无法真实地检测出学生的学习成果。

**3. 部分思想政治课教师对线上教学模式下的学生监管效果不佳，影响了整体的教学效果**

学生长时间在线上听课，注意力易分散，教师难以及时监管；教师对于线上授课缺乏管理经验和力度，个别学生在听课时还能利用另一个手机进行聊天或打游戏，加之线上检测缺乏一定的可信度，因此，线上整体教学效果不能与面对面的线下课堂教学效果相提并论。

**4. 部分思想政治课教师对线上教学模式的集体备课储备不足，影响了线上教学的效果**

集体备课一直是思想政治课教师永恒的话题，思想政治课教师只有"年老"的与"年轻"的之分，绝无"老"教师与"新"教师之别。由于时代在前进，思想政治课教材也总在变化之中。思想政治课教师只有始终保持与时俱进的心态，紧跟时代的步伐，才能真正地上好思想政治课。线上教学的开启，使部分老师失去了平时面对面集体备课的监督，也失去了学校教务处和相关部门的监管，加之自我约束能力不强，因此备课明显不充分。在信息化快速发展、知识获取渠道激增的今天，这种不充分的备课已不能满足学生的需求，尤其对于一些学习程度高、学习能力强的学生而言，存在"填不饱肚子"的情况。

## 二、下一阶段线上教学工作建议

随着疫情得到有效控制，学生复学很快会成为现实，后疫情时代即将到来。为了使下一阶段线上教学和以后的课堂教学工作做得更好，课堂教学效果更佳，长春市基础教育研究中心高中教研部政治教研室根据上一阶段线上教学已经出现的问题以及对下一阶段教学可能发生的问题，提出了下一阶段的工作建议。

**1. 坚持立德树人，不失时机地进行德育教育**

立德树人是教育的根本任务。作为思政课教师，要遵循教育规律，在自己的思政课堂上围绕凝聚人心、完善人格、培育人才的工作目标，着力在坚定理想信念、厚植爱国主义情怀、加强品德修养、培养奋斗精神、增强综合素质上下功夫；发展素质教育，坚持"五育并举"，培养德智体美劳全面发展的社会主义建设者和接班人。2020年初的新冠肺炎疫情，虽然我们都不愿意看到与遇到，但这场疫情留给我们的感动却也比比皆是，思政课教师要不失时机地对学生进行德育教育。危难时刻，只有自觉站在最广大人民的立场上，坚持真理的人才最可敬，只有在劳动和奉献中实现人生价值的人才最可爱，只有在个人与社会统一中实现价值的人才最可歌，也只有在砥砺前行中实现人生价值的人才最可泣。

**2. 提高思想认识，带头做好教师、学生的引路人**

思政课教师在教师这个群体中具有一定的特殊性。习近平总书记指出，"办好思想政治理论课关键在教师，关键在发挥教师的积极性、主动性、创造性。思政课教师，要给学生心灵埋下真善美的种子，引导学生扣好人生第一粒扣子"。疫情期间，思政课教师更要主动担当，做学校、学生、学生家长的稳定器，及时传播党和国家的主张和力量，宣传正能量。尤其是在下一阶段的教学中，思政课教师要总结疫情以来发生的真、善、美、丑，积极引导学生树立正确的世界观、人生观和价值观；提高思想认识，凡事积极主动，带头做好新时期学生锤炼品格、学习知识、创新思维、奉献祖国的引路人。

**3. 加强深度学习，坚持走科研性备课的路径**

在日常教学中要强化深度学习，培养学生的高阶思维能力。思政课教师更要加强深度学习，因为，思想政治学科教材越来越呈现出时政性、时代性的特点，思政课教师

要紧跟时代步伐，坚持走科研性备课的路径，要以科学研究的精神和手段来精解、慎解教材语言的内涵和实质，这不仅有利于实现课堂的高效性，也有利于理解和落实学科核心素养。

**4. 完善评价机制，作业要体现学生的层次性**

线上教学有优点，也有不足。就学生而言，对于自我约束力强的学生，线上学习与线下学习差别不大，但对于自我约束力相对较弱的学生来说，影响是很大的，由于监管力度不如学校，出现两极分化的可能性是存在的。思政课显得更为明显，虽然现在以考查学生的知识迁移能力、信息提取和解读能力、思维能力为主，但是必要的识记仍是学习思政课的前提，而线上教学的督导检查力度是不足的。因此，思政课教师要采取多元评价方式，完善评价体系，要体现出学生学习的层次性。教师可应用不同互联网学习平台的各种功能，本着方便、高效的原则布置作业。课后作业、练习训练、专题学习等可以应用小程序，学生在线提交，老师进行评分和给评语，并反馈给每个学生。根据学生的具体情况，有针对性地进行提问和布置作业，可以增强学生学习的积极性。同时，思政课教师还要善于使用鼓励性的语言，这既可以促进学生的学习，也可以促进师生的互动以及情感的交流。

**5. 发挥教研力量，坚持线下线上教学相结合**

无论是线下教学，还是线上教学，都要充分发挥教研的力量。通过教学研究，探讨符合学生实际的教育教学新方法、新观念；通过教研，让网络优质教学资源真正地丰富课堂，成为教学质量的增长点。虽然线上教学还在进行，但随着疫情得到有效控制，教学方式、学习方式又将回到学校的课堂教学模式当中，接下来的一段时间，思政课教师要做好延期开学期间的学习和正常开学后的教学有效衔接。线上线下教学不是相互替代的关系，而是相互补充的关系，在今后的教学中，思政课教学要充分利用好这两种教学模式。

**6. 掌握教学进度，顺利完成本年级教学任务**

（1）高一教师要通过此次疫情加强对学生政治认同的学科素养的培养

本学期高一学生开设思想政治必修二"政治生活"的课程，这是最能体现政治学科政治认同、科学精神、法治意识、公共参与这些学科核心素养的课程。此次疫情发生后，党和政府果断做出决策，广大医护人员冲锋陷阵，广大人民积极配合，广大解放军战士、武警官兵、公安干警不辞劳苦，我们国家为构建人类命运共同体做出了贡献，体现出了责任担当和大国风范。教师要通过疫情中的具体事例来彰显我国的优良传统和制度优势，从而增强道路自信、制度自信、理论自信和文化自信。

（2）高二教师要稍微加快些进度，以应对学业水平考试的评估检测

对于高二年级来说，本学期，有的学校开设的是必修三"文化生活"，有的学校开设的是必修四"生活与哲学"，虽然所学内容不同，但都要保证相应的教学进度。本学期高二学生要进行普通高中毕业政治学科的学业水

平评估检测，各校思政课教师在完成本学期应有的教学任务的基础上，应该对四本必修教材进行总体的综合复习，时间紧、任务重，备课组要合理安排时间，做好学业水平考试复习。

## 参考文献

[1] 褚宏启.教育治理：以共治求善治[J].教育研究，2014，35（10）.

[2] 吴岩.高等教育公共治理与"五位一体"评估制度创新[J].中国高教研究，2014（12）.

[3] 董辉，杜洁云.对教育治理及其体系与能力建设的认识与构想[J].教育发展研究，2015，35（08）.

[4] 詹姆斯·N·罗西瑙.没有政府的治理[M].张胜军，等，译.南昌：江西人民出版社，2001.

[5] 张萌.教育实践者眼中的"教育现代化"——对122名校长和教育行政人员的调查分析[J].上海教育科研，2017（05）.

[6] 刘雅静.全民共建共享社会治理格局：概念厘清、内生动力与实践进路[J].理论月刊，2016（11）.

[7] 褚宏启.政府与学校的关系重构[J].教育科学研究，2005（01）.

[8] 褚宏启，贾继娥.教育治理中的多元主体及其作用互补[J].教育发展研究，2014，34（19）.

[9] 黄志兵.现代学校制度建设的"治理"取向与路径——基于宁波教育议事会的思考[J].教育探索，2016（02）.

[10] 中共中央关于全面深化改革若干重大问题的决定[N].人民日报，2013-11-16（01）.

[11] 袁贵仁.深化教育领域综合改革 加快推进教育治理体系和治理能力现代化[J].中国高等教育，2014（05）.

[12] 顾明远.未来教育的逻辑起点[J].教育，2019，（47）：1.

[13] 范姜颐.我眼中的未来教育——专访民进中央副主席朱

永新［J］.中国教师，2016（12）.

［14］朱永新.未来教育要怎么变［J］.同舟共进，2020（1）：8-10.

［15］叶存洪.未来教育的变与不变［J］.江西教育，2019（C2）：16-18.

［16］郑建海.指向未来教育的课程与教学变革［J］.人民教育，2019（07）.

［17］姜澎."未来教师"需要广阔国际视野［N］.文汇报，2016-03-23（007）.

［18］蒋东兴，吴海燕，袁芳."三通两平台"建设内容与实施模式分析［J］.中国教育信息化：高教职教，2014（2）：7-10.

［19］赵天娇."互联网+"来了 未来教师应该"+"点什么［J］.师资建设，2015（3）：45-51.

［20］孟宪乐，侯方静."互联网+教育"背景下未来教师素养研究［J］.河南教育学院学报，2017（3）：43-46.

［21］谢凡，陈锁明.聚焦教师核心素养 勾勒"未来教师"新形象——中国教育学会小学教育专业委员会2016学术年会暨第三届小学教育国际研讨会综述［J］.中小学管理，2016（11）：35-38.

［22］潘占宏，马淑平.区域推进STEAM教育的策略与实践研究——以长春市为例［J］.中小学电教，2019（4）：16-18.

［23］佚名.浅谈初中生健康人格之培养［J］.中国校外教育，2018，643（23）：54.

［24］张海梅.浅谈中学生健全人格的建立［J］.中国校外教育，

2017（8）：39.

[25] 邱慧燕.农村中学生网络自我控制能力与人格的相关性[J].中国健康心理学杂志，2018（1）：135-138.

[26] 张凌雁.初中生人格教育探究[D].渤海大学，2017.

[27] 佚名.论网络传播环境对人格形成的影响[J].赤子，2017（3）：189.

[28] 袁迎燕.人格教育在高中政治教育中的实施[J].考试周刊，2017（73）：144.

[29] 王慧.高中生人格发展的年级差异性研究[J].内蒙古教育，2018（4）.

[30] 李奉娟.高中体育专项化教学对学生人格影响的实验研究[J].体育科技文献通报，2019，27（03）：26-28.

[31] 王丹.班主任管理工作中的教育艺术[J].散文百家（新语文活页），2020（3）：150-151.

[32] 郑成刚.班主任管理工作中的问题与对策[J].中华少年，2019（4）：201.

[33] 李爱华.高中班主任管理工作的现状与对策[J].教育艺术，2019（3）：53.

[34] 陈艳红.班主任管理工作策略初探[J].课程教材教学研究（教育研究版），2019（C2）：78-80.

[35] 中华人民共和国教育部.普通高中思想政治课程标准（2017年版）[S].北京：人民教育出版社，2018.

[36] 李晓东，白杨.科学精神及其教学实施[J].中学政治教学参考，2018（10）.

[37] 李晓东，李同.法治意识及其教学实施[J].中学政治教学参考，2018（13）.

[38]李晓东,陈曲.政治认同及其教学实施[J].中学政治教学参考,2018(7).

[39]李晓东,任会波.公共参与及其教学实施[J].中学政治教学参考,2018(16).

[40]朱明光.关于思想政治学科核心素养的思考[J].思想政治课教学,2016(1).

[41]付杰辉.谈在高中政治课堂中培养学生的政治素养[J].中国校外教育,2019(06):136.

[42]翁玉兰.高中政治学科教学中的核心素养探讨[J].中国校外教育,2019(02):116+118.

[43]唐林海.初中思想品德教育的问题与对策[J].新课程学习(中),2014(06).

[44]张卫海.初中思品高效课堂教学之我见[J].新课程导学,2015(28).

[45]李建敏.思想品德教育应关注核心素养[J].中学政治教学参考,2015(32):36.

[46]顾志芳.培育核心素养 提升教学品质[J].新课程研究(上旬刊),2016(02):55-56.

[47]王伟.借助思想品德课堂培养学生核心素养[J].中学教学参考,2016(09):46.

[48]李冬雪,高松岩."现实的个人"观照中的思想政治教育客体研究[J].求实,2013(10).

[49]孙其昂.论知识体系作为思想政治教育专业的生命基础[J].思想教育研究,2014(8).

[50]赵会苹.高中思想政治课运用探究式教学法的现状及策略[J].人文之友,2019(6):252-253.

[51] 李园. 讨论式教学法在思政课程标准与教材分析中的运用[J]. 科教导刊（上旬刊），2018，340（6）：106-107.

[52] 胡杰. 课程标准指引下高中思政课教学实践与探索——以必修1《中国特色社会主义》为例[J]. 现代教学，2019，444（24）：37-40.

[53] 曲秀丽. 对分课堂教学法在思想政治理论课程中的应用研究——以《思想道德修养与法律基础》课程为例[J]. 教育科学论坛，2018，447（33）：55-58.

[54] 刘开康. 浅谈情境教学法在中学思政课中的运用[J]. 新校园：阅读版，2018（6）：69.

[55] 林贤丽. 浅析政治核心素养下初中思想政治学科的教学研究——以课堂体验参与式教学方法为例[J]. 才智，2019（6）：96+98.

[56] 丁紫俊. 初中"道德与法治"德育功能研究[D]. 扬州大学，2018.

[57] 陶芳铭. 初中德育教科书德育价值取向研究[D]. 浙江大学，2017.